U0611978

高校师资队伍建设与教育质量管理创新

朱松华　张　颖◎著

吉林出版集团股份有限公司

全国百佳图书出版单位

图书在版编目（CIP）数据

高校师资队伍建设与教育质量管理创新 / 朱松华，张颖著 . 一 长春 : 吉林出版集团股份有限公司，2021.9
ISBN 978-7-5731-0496-0

Ⅰ . ①高… Ⅱ . ①朱… ②张… Ⅲ . ①高等学校－师资队伍建设－研究②高等学校－教育质量－教育管理－研究 Ⅳ . ① G645.12 ② G642.0

中国版本图书馆 CIP 数据核字 (2021) 第 201130 号

GAOXIAO SHIZI DUIWU JIANSHE YU JIAOYU ZHILIANG GUANLI CHUANGXIN

高校师资队伍建设与教育质量管理创新

著　　者：朱松华　张　颖

责任编辑：李　冬

封面设计：李宁宁

版式设计：李宁宁

出　　版：吉林出版集团股份有限公司

发　　行：吉林出版集团青少年书刊发行有限公司

地　　址：吉林省长春市福祉大路 5788 号

邮政编码：130118

电　　话：0431–81629794

印　　刷：北京市兴怀印刷厂

版　　次：2022 年 6 月第 1 版

印　　次：2022 年 6 月第 1 次印刷

开　　本：710 mm×1000 mm　　1/16

印　　张：8

字　　数：170 千字

书　　号：ISBN 978-7-5731-0496-0

定　　价：68.00 元

版权所有　翻印必究

前　言

教师是太阳底下最光辉的职业，承担着塑造灵魂、塑造生命、塑造人格的重担。高校师资队伍的质量关乎青年人才的培养、教育事业的发展以及中华民族伟大复兴梦的实现。

在高等教育改革不断向前推进的大环境下，加强教师队伍建设是建设教育强国、办好人民满意教育、加快教育现代化的基础，也是高校的立校之本。师资队伍水平作为高校教育质量和学术水平的决定性因素，在高校办学中的地位和作用已被公认。在新的时期，为振兴我国高等教育，实现现代大学的办学目标，适应新时期高等教育改革和发展以及人才培养的需要，必须进一步强化高校师资队伍建设，并应具有全新的视点。

随着当今世界经济的飞速发展，各行各业所需的人才也多种多样，我国高等教育大众化进程也在不断地推进，高校教育教学质量管理也受到社会各界越来越多的关注，教学资源的稀缺性越发突出，高校需要在实现规模扩张和自身职能拓展的同时，遵循教育的内在规律，确保人才培养的质量不断提升。

就高等教育而言，要求是着力提高高校教育教学质量，努力办好让人民满意的教育。因此，深入分析和研究高校教学质量管理中存在的问题，并寻找解决这些问题的对策，对于提高高校的教学质量和办学水平，无疑具有十分重要的现实意义。

本书在撰写过程中，由于作者水平有限，加之时间仓促，书中难免存在一些错误和疏漏，敬请广大专家和学者批评指正。

目　录

第一章　高校教师素养研究 ················· 1

第一节 高校教师文化素养 ·················· 1

第二节 高校教师教学素养 ·················· 7

第三节 高校教师素质培养 ·················· 12

第二章　高校教师队伍结构 ················· 18

第一节 高校教师队伍结构要素分析 ············ 18

第二节 高校教师队伍结构的优化 ············· 22

第三章　高校师资管理探索 ················· 27

第一节 高校师资管理概念 ·················· 27

第二节 高校师资管理的本质 ················ 31

第三节 人力资源管理及配置 ················ 36

第四章　基于知识的高校师资管理体系及方法 ······ 42

第一节 建立适应现代师资管理的新模式 ········· 42

第二节 高校师资管理的目标、途径及方法 ········ 46

第三节 基于知识的高校师资管理新方法 ········· 49

第五章　高校师资管理的优化及机制建构 ········· 61

第一节 高校师资管理优化策略 ··············· 61

第二节 高校师资管理优化机制的理念 ··········· 65

第三节 高校师资管理结构机制建构 ············ 70

第四节 高校师资管理运行机制建构 ············ 73

第六章 高校师资队伍建设 ·········· 76

第一节 高校师资队伍建设概述 ·········· 76

第二节 高校学术带头人的培养 ·········· 78

第三节 高校青年教师队伍建设 ·········· 83

第七章 高校师资队伍建设规划 ·········· 88

第一节 高校师资队伍建设的内涵与意义 ·········· 88

第二节 高校师资队伍建设的内容与程序 ·········· 91

第三节 高校师资队伍建设的原则与方法 ·········· 95

第八章 高校教师评价研究 ·········· 99

第一节 高校教师评价概述 ·········· 99

第二节 高校教师评价的内容和方法 ·········· 102

第三节 奖惩性教师评价和发展性教师评价 ·········· 107

第四节 构建科学的多元化的教师评价体系 ·········· 111

参考文献 ·········· 115

第一章　高校教师素养研究

第一节　高校教师文化素养

一、文化素养的概念

文化素养是指教师思考、探讨与解决教育教学的理论和实践诸方面问题时自发或自觉运用到自身的教育科学理念、知识、方法、能力和品质的总和。它是教师作为"履行教育教学职责的专业人员"的专业素养，是教师这个职业对从业者的基本要求，是教师在一定的社会环境影响下经过锻炼和培养而形成的，旨在帮助自己有效从事教书育人工作，全面履行职业责任的专门性素养，是教师综合素养的重要组成部分，也是教师职业水平的集中表现。

二、文化素养的意义

（一）更好地把握教育规律，有效实施教育实践

如果实践没有理论的指导，就会变成盲目的实践。在教育实践中，依靠经验，探索前进，日积月累，锲而不舍，做出成绩的事例不少，但往往需要为此付出很多代价或者走不少弯路，造成事倍功半的结果。大量的事例说明，只有按照教育规律办事，教育事业才会健康发展，教育质量才能迅速提高，收到事半功倍的效果。文化素养的修炼，有利于教师理解与掌握教育科学理论，加深对教育现象的认识，认清教育与社会、教师与学生、知识教育与能力培养等各种基本关系，避免因认识的混乱而带来实际行动的偏差。作为一名高校教师，要想正确解释教育教学活动中遇到的各种问题，了解事情的原委，抓住问题的关键，做出正确的判断，有效解决教育教学问题，就离不开对教育规律的认识和教育理论的指导。

（二）提高教师教育工作兴趣，增强自信和责任感

教育理论现在已经走过了简单、片面、零碎的经验水平阶段，具有较严谨的科学理论体系。它是许许多多的教育理论和实践工作者用智慧和汗水共同浇铸的宏伟大厦，集中反映了当代教育发展的最高水平，体现了时代精神。教师在教育科学素养修炼的过程中，通过教育科学理论的学习，将会被教育科学理论的魅力吸引，更为理论在指导实践工作中的作用叹服。这将大大提高教师从事教育工作的兴趣，增强教育意识，提高工作热情和自信，做好教育教学工作。这些不仅能激发从事教师这一职业的主动性、责任感，而且使我们产生对教育工作的深厚感情，自觉地把自己的聪明才智、毕生精力投身于教育事业。

（三）体现教师的核心专业属性，促进教师专业发展

教师个人的学科知识在教育教学活动中的运用，需要依赖对教育理论、教育思想以及教育手段和方法的科学认识。教学的中心任务是对学科知识做出教育科学的解释，这种解释要依据学生的身心特点和学生对该学科知识掌握的情况，也就是要把"个人知识"转化为"人际知识"。正如杜威所说，科学家的学科知识与教师的学科知识是不一样的，教师必须把学科知识心理学化，以便于学生理解。知道教什么是教师之为教师的前提，教师懂得怎么教、为什么教是教师之为教师的专业特征。两者相辅相成，缺一不可，缺了前者，无法做教师；缺了后者，做不了好教师。一名合格的教师，除了必须具备广博的文化科学专业知识外，还必须具有坚定的教育专业思想，掌握教育理论，具有做好教育教学工作的技能和艺术，不仅乐于而且善于教育教学。因此，文化素养是教师素养的重要组成部分，是构成教师专业属性的核心，是教师专业区别于其他专业的根本特征。文化素养既反映了教师教育活动的科学本质，也反映了教师职业技术上的不可替代性。

三、文化素养的基本目标

（一）树立科学的教育理念

所谓教育理念，是指教师在对教育工作本质理解的基础上形成的关于教育的观念和理性信念。理念支配着人的行动准则，不同的教育理念将使我们有着不同的教育行为，从而获取不同的教育结果。因而我们应树立科学的教育理念，例如：着眼于学生一生发展的教育观。这种教育观的价值追求应是为学生的一生负责，为学生一生的发展和幸福奠定基础。包括学习主体的学

生观、人格平等的师生观和为学而教的教学观。国际 21 世纪教育委员会的专家指出：新世纪教育应该让受教育者知道做什么、如何做、什么时候做、在何处做、找谁做和为什么做，也就是教会学生学习的本领，培养学生对人类的关心、对社会的责任心和爱护自然环境的热心品质。

（二）掌握丰富的教育科学知识

构成教师教育科学素养的教育科学知识主要有以下三类：第一类是关于分析教育问题和教育中的社会现象的知识，包括教育哲学、教育史学、教育社会学、教育经济学等。这类知识主要是帮助教师认识教育的本质以及教育与政治、哲学、社会结构、经济体制、技术水平等所有社会变量的关系。第二类知识是采用被运用学科的方法来分析教育活动的知识，包括教育实验学、教育统计学、教育信息学、比较教育学等。这类知识主要是帮助教师分析教育现象和教育教学活动，提高教师的教育研究能力。第三类知识是综合运用各门学科，解决教育教学实际问题的知识，包括教育心理学、教育生理学、教育技术学、课程论、教学论等。

这类知识主要是帮助教师认识并解决教育教学实践中方法和技术上的问题。

（三）具有较强的教育科学能力

教育科学能力是指教师符合教育活动要求，直接影响教育活动效率和教育目标顺利实现的个性心理特征的总和。例如，教育思维能力是教师按照教育规律思考问题的能力，是教师在认识教育的过程中，对教育现象进行比较、分析、综合的方式，是教师客观地反映教育现实的过程；教育实践能力包括教育预见能力、教育设计能力、教育实施能力、教育监控能力；教育研究能力是教师总结、反思教育教学行为，探究教育现象，解决教育教学实际问题的能力。

（四）懂得基本的教育科学方法

教育科学方法不仅是探究教育、获取教育未知领域真相的钥匙，也是学习、接受、传授教育已知领域知识的途径和方法。构成教师教育科学素养的科学方法，应包括经验性科学方法和理论性科学方法。经验性科学方法是教师在教育研究用于获取经验材料或教育事实的一般方法，如观察方法、调查方法、实验方法、测量方法等。理论性科学方法包括分析、综合、归纳、演绎等逻辑方法以及系统方法、假设方法等。

（五）养成良好的教育科学品质

教育科学品质是教师在教育教学行为中表现出来的对教育科学的态度、兴趣、情感等心理特质，是教师通过对教育科学知识的正确理解以及对教育科学发展的整体把握而形成的信念和工作习惯。教师的教育科学品质主要表现在：对教育科学知识有浓厚的兴趣，能正确认识教育科学的价值标准，具有支持教育科学新生事物的精神；在教育活动中不断尝试构想更好的教育方法，关心并设法解决教育问题；留意观察教育现象，能安排更多的时间进行教育教学研究，善于反思自己的教育行为；在教育科学研究中具有责任感，实事求是，严谨治学，做到深入钻研，刻苦探索，追求真理。

四、文化素养的原则

（一）博观约取原则

博观约取原则是指教师在增强自身文化素养的过程中，要广博地获取教育科学知识经验，但同时要善于取其精华，去其糟粕，要注意学习的教育理念、教育理论是否符合教育客观实际，是否反映出事物的本质和内在规律，是否具有充分的理论依据和合理性，要树立科学的教育理念，学习先进的教育科学理论。学有所成者往往都是博览群书，但真正有学识者，不是死记硬背知识的人，而是积累了知识精粹的人，而且能结合社会的变革、时代的变迁、人类思想的进步等实际状况而加以运用的人。因此，教师学习教育科学理论知识，吸收教育思想理念的时候，要学而无界，观而有选，取而有捧，有的放矢，唯真是取。

（二）相互联系原则

相互联系原则即指理论联系实际，是指教师在培养文化素养的过程中要善于了解实践是认识的基础，是知识的源泉，要从理论与实际的联系中去理解掌握教育科学理论。同时，还要运用所掌握的教育科学知识去解决理论问题与实际问题，增强自身的理论运用于实际的能力。提出理论联系实际，首先是人类认识规律的需要，人类认识是一个实践、认识、再实践、再认识，循环往复，以至无穷的过程，因而教师要提高教育科学认识，必须理论联系实际。其次，也是文化素养的目的需要，文化素养的修炼不仅是教育理论知识的储备，也是为了能通过掌握知识去指导实践，能具有运用知识解决实际问题的能力，能在实际问题的解决中使良好的品质得以形成和强化。因而，在文化素养的修炼过程中要从具体事情做起，从岗位做起，从小事做起，于日常教育教学中见效果，有意识地使理论与实践相融合、相促进。

（三）厚积内化原则

厚积内化原则是指培养文化素养是一个持续的过程，教师在教育科学素养修炼的过程中需要有计划地长时间积累，并有意识地不断实现理论和实践上的自我内化与提升。教育科学素养的修炼不是通读几本教育著作，聆听几位教育名人讲座就能完成的事情。教育科学素养的修炼要积少成多，要坚持不懈地学习、积累、总结、内化、应用、反思，不断地循环反复地努力。我们既要学习与内化中外从古到今的优秀教育教学理论与经验，又要与时俱进，以教育工作者特有的敏锐，勇于进行探索创新，结合社会发展和学生发展的特点与实际，灵活应用教育科学理论，凸现自身的教育教学风格，不断创新教育观念和教育方式，不断充实、丰富和发展自身教育科学素养。

五、培养文化素养的策略与途径

（一）全面分析，自主规划

教师要积极寻求自主发展的基本途径，有意识地把自己的教育科学素养现状与理想的教师素质结构相比较，客观、全面地分析自身的教育科学素养状况，自主设计教育素养提升的规划和目标，选择达到目标的手段和方案设计，并根据情况及时调整自己的教育科学素养发展方式，自觉发掘自身的有利因素，使自己的教育科学素养得到提升。

（二）自觉学习，潜心阅读

教育理论知识是教师教育科学素养的核心和基础。毫无疑问，学习系统的教育理论，并用之来指导自己的教学实践，要比自己摸索的效果好得多，而且通过自己的实践来完成这个长期、缓慢、充满曲折的认识过程，并不是每一个人都可以做到的。有些教师虽然从事教育教学工作多年，但是始终不懂得教育教学规律，找不到正确的教育教学方法，教学效果不理想。马卡连柯曾深有体会地说："我非常尊重教育理论，离开教育理论，我是不能工作的。"教师必须加强教育科学理论的学习。对教师而言，提高自身的教育科学素养首先应大量阅读书籍，尤其是前人经过大量的调查实践而编著的书籍，给我们提供了丰富的知识和经验，只要我们去钻研阅读，用心去求证，那么前人的成绩就可以由我们继续去发扬，我们甚至可以突破前人的观点，树立新的观点，就好比前人给我们提供了一个前进的台阶，我们只需踩在巨人的肩膀之上。

（三）学习名师，追随大师

牛顿说过："如果说我比别人看得更远些，那是因为我站在了巨人的肩上。"名师、大师他们就犹如巨人，学习与追随他们对于教师修炼教育科学素养的意义没有必要在这里赘述了。学习、追随就是模仿与创新的过程。对于模仿名师、大师，在当前不少教师中存在这样的观点：大师很遥远，名师不好学，就不要东施效颦了。虽然我们对东施简单盲目效仿的做法不敢苟同，但我们要有追求优秀与不懈努力的精神和敢于向优秀学习的策略，这是我们教师在修炼自身教育科学素养过程中应该具备的。模仿体现了一种积极学习、主动进取的心态。有了这样一种心态，即使模仿名师、大师不到位，也可以在今后的实践中不断改进。模仿是通向创造的必经之路。从仿生学的角度看，人类的许多发明创造都是由模仿开始的。缺了模仿，发明创造只能是空中楼阁。实际上许多名家也是从模仿开始的。初唐王勃就是因为爱极了庾信的"落花与芝盖同飞，杨柳共春旗一色"，反复揣摩，进而模仿学习，才创作出了流传千古的名句"落霞与孤鹜齐飞，秋水共长天一色"。模仿只是一个过程、一种手段，我们的终极目的就是要做最好的自己，模仿的最终目的不是做名师、大师的影子，而是通过模仿来结合实际创新地打造自己。但退一步讲，就算没能完全创新，若能模仿如名师、大师一般，那我们教育科学素养不是也得到了极大的提升吗？

（四）实践贯通，教育日记

教师教育科学素养提升的基础是教育教学实践。唯有行动才是人的生存之最高样式，因为唯有在行动中，人才以追求卓越为基本目标。教师要认识教学责任，用爱心和忠诚对待教学实践，本着对学生负责、对事业负责的态度积极投身到教学实践中，不断拓宽知识面，启迪思考，积累经验，并善于把一切成功经验和教学研究成果运用到教学实践中，在教学实践中解决"教什么""如何教"的问题。同时，注意在实践中形成持之以恒地反思与积累的自觉行为。

（五）教育科研，促进发展

教师职业专业化程度的不断提高，必然要求教师不仅具有扎实的学科基础，而且要有教师职业化的独特品格和能力，其核心就是教师的教育科学素养。而教师参与科研不仅会巩固和扩展教师本身的专业知识，还会加深对教育科学素养的认识，从而反过来对教师的专业化提出要求，促进教师教育科学素养的提升。因而，教师应主动开展科研，以研究者的精神探究教学的性质，将专业实践经验知识明确化、理论化，或在教学中应用教学理论，将教育理论实操化、策略化，改造和扩展知识，形成新的教学理论和思想，提高教育教学能力，从而提升教育科学素养。

第二节 高校教师教学素养

一、教学技能的概念

由于练习而近乎自动化了的动作，我们称之为技能。这是有意识的活动中近乎自动化了的部分。技能可以分为动作技能和心智技能。动作技能又叫运动技能、操作技能，是指通过练习而巩固了的自动化的动作活动方式。心智技能又叫智力技能、认知技能，指借助于内部言语在头脑中进行的，经过练习而巩固下来的接近自动化的认知活动方式。心智技能与动作技能相比较，具有动作对象的观念性、动作进行的内隐性和动作结构的简缩性。

动作技能的形成一般要经历三个阶段：认知和定向阶段、动作联系形成阶段、协调和完善阶段。

认知和定向阶段的特点是对所学操作技能有初步认识，对动作方式有所了解，在头脑中形成动作印象。

动作联系形成阶段的特点是经过反复练习，已使个别动作联合成完整的动作体系，视觉控制作用逐步减弱，肌肉运动感觉的自控作用逐步提高，同时，在本阶段动作相互干扰减少，紧张程度减弱，多余动作消失。

协调和完善阶段的特点是各个动作已联合成为一个有机体系，相互协调，能够依照动作的顺序以连锁反应的方式实现出来。此阶段意识的调节大大降低，肌肉运动感觉作用占主导地位，视觉对动作的控制也进一步减弱，注意范围在扩大，并能根据情况变化适当调整动作方式。

心智技能的形成包括三个阶段：原型定向、原型操作和原型内化。特点：对象的观念性、执行的内隐性和结构的简缩性。

教学技能是指教师运用已有的教学理论知识，通过练习而形成的稳固、复杂的教学行为系统。它既包括在教学理论基础上按照一定方式进行反复练习或由于模仿而形成的初级教学技能，也包括在教学理论基础上因多次练习而形成的达到自动化水平的高级教学技能，即教学技巧。教学技能是教师必备的教育教学技巧，它对取得良好的教学效果，实现教学的创新，具有积极的作用。

二、培养教学技能的意义

（一）教学技能是提高教学效果的手段

西方研究者对大学毕业的教师考查的结果表明，教师一旦达到或超出一定的智力和知识水平，教师的智力和知识水平就不再是影响教学效果的重要因素了。实践证明，在达到必要的智力和知识水平之后，从事教师工作不可缺少的思维能力、口头表达能力、组织教学活动的能力等教学技能才是影响教学效果的决定因素。许多学历相同、教龄相近、责任心和工作态度相似的教师，其教育教学效果却差异明显，其中一个重要原因就是教学技能水平不同。要从根本上促进教师专业成熟，提高教师专业素质，必须加强教师教学技能的训练。否则，即使教师的学历层次再高，教学也难以走出"知识授受"的困境，无法真正步入素质教育的轨道。

（二）教学技能是衡量教师专业成熟度的重要尺度

一个专业成熟的教师不仅需要掌握所教知识，还应当具备与教育任务相适应的教学技能、技巧。我们身边不乏许多成熟的教师，但是还有相当一部分教师尚未达到熟练运用教学技能、技巧的境界。因而，教师必须明确熟练运用教学技能、技巧，这是教师专业水平成熟的标志，应为此不懈努力。

（三）教学技能是实现教师人生价值的前提基础

教师职业从产生之时起，就具有"传道、授业、解惑"之功能，要发挥这样的功能，教师必须是闻道在先，术业有专攻。两千多年前的《礼记·学记》中明确指出："记问之学，不足以为人师""能博喻然后能为师"。这就是说，只记忆、储存了一大堆知识的人还没有资格当教师，能灵活运用有效地启人心智的教学技能的人才能做教师。

教学不仅是教师生存的方式，更是教师的一种生活方式。教师应视课堂教学为生命的活动，把上好每一节课看作生命意义的体现，努力提高自身的教学技能水平，从成功的教学中体味价值感，感悟太阳底下最神圣的职业不仅是一种奉献，更是自我发展、自我实现。

三、教学技能修炼的基本目标

（一）了解与掌握教学技能概念与分类

从教学技能的表现形式而言，教学技能可分成两大类：一是内隐的技能，二是外显的技能。教师要讲好课，必须在课前钻研教材，了解学生，写好教案，这些都不直接表露在课堂教学行动上，所以称之为内隐技能。只有直接表露在课堂上的技能才称作外显的技能。

以教学过程为线索，教学技能大致可以分为课前的教学设计技能、课堂教学技能、课后指导教学技能、学生与教学评价技能。其中课堂教学技能是核心。

原《高等师范学校学生的教师职业技能训练大纲》中，把教学技能分为五类：教学设计技能、使用教学媒体技能、课堂教学技能、组织和指导课外活动技能、教学研究技能。在课堂教学技能中又设了九项基本技能，即：导入技能、板书板画技能、演示技能、讲解技能、提问技能、反馈和强化技能、结束技能、组织教学技能和变化技能。

除了以上传统的教学技能外，新课程背景下教师还要重点掌握以下教学技能：

课件制作技能。包括选择功能强大的软件；学习有关教程，然后多练习；熟悉图形图像处理软件；熟悉声音处理软件；加上自己的创意。

信息资料搜集技能。包括图书期刊资料的查找、电子资源的查找、免费外文文献的获取。如中国期刊全文数据库是目前世界上最大的连续动态更新的中国期刊全文数据库。

组织和指导课外教学活动技能，是教师根据学生的特点及培养学生能力的要求，组织、指导学生开展有关学科课外活动的教学行为方式。包括课外科技小组、科技知识竞赛、读书报告会、小论文小制作比赛、参观、访问、调查等。

与任课教师、学生家长沟通技能。了解班主任与任课教师的关系，了解与家长关系的基本特点和相互配合的教育意义，掌握与其沟通的方法，努力获得任课教师和家长对班主任工作的支持。

（二）遵循心理学原理，有计划、有步骤地进行小步技能训练，能够熟练掌握各种教学技能

每项技能训练之始，都要明确训练的目的和要求，教师要知道做什么、怎样做、做的结果。要形成学习技能的内在动因，然后在实践中主动地反复练习，形成技能。

理解：正确理解各类教学技能。如果对教学技能理解得不准确，在技能训练过程中将失之毫厘，谬之千里。例如提问技能，若对它的结构要素理解不当，则设计问题不到位，提问再生动也不能实现其提问功能。

协调：教师要有意识地控制自己的行为，注重技能要素及类型彼此协调

进行。如演示技能，教师如果只注重物理或化学变化，忽视了时空背景效果，也会干扰演示功能的发挥；又如语言技能，如果只注重语言编码，忽视了在表达时用表情和手势配合，也会影响口语表达效果。

速度：量与质是辩证统一的，要在正确前提下照顾速度，较好地完成既定任务。

（三）能够根据教学实际，综合运用教学技能，有效提高教学质量

能对教学技能的各组成要素进行辨认，进行要素之间的关系分析，并能识别组成这些要素的原理、法则，综合运用解决问题。

四、教学技能修炼的原则

（一）强目的性原则

教学是一种计划性强、目标明确的活动。为了达到教学目标的要求，教学中所安排的每一项活动，教师的每一种教学行为都要有具体的目标指向。教学技能是教师的教学行为方式，它的应用是为实现教学目标服务的。因此，在确定教学技能时，首先要回答三个问题：教师的这种行为能为学生提供哪些信息，准备让学生从中学习什么？教师的这种行为能否促进学生的学习以及教会他们怎样学习？教师的这种行为是否是影响教学质量的重要方面，对提高教学质量是否具有重要的作用？如果对这三个问题的回答是肯定的，这些技能的确定就具有实际意义，而这些技能本身也必将在实现教学目标方面发挥重要作用。

（二）可观察性原则

教学技能修炼的目的是使教师更好地掌握教学技能，以便在教学中正确应用。教学技能通常是可观察的。教师要了解自己是否掌握了某一教学技能，可以看在具体的教学实践中自身是否表现出了这一技能。通过观察教学实践（记录或录像），就可以了解对教学技能的掌握情况，从而便于在实践过程进行矫正或接受指导。可观察性的另一意义是便于提供鲜明具体的示范，通过实际角色扮演、示范录像等把某项技能展示出来，为同伴树立学习的样板。

（三）学思结合原则

学中有思，技能才能得到锻炼和发展；思中有学，技能才能融会贯通。学与思，两者不可分割，学思结合，才能深刻理解、牢固掌握技能。

（四）可测量性原则

教师要有效地修炼教学技能，及时、具体的反馈是很重要的。而要衡量反馈的信息，就要为技能的应用提供参照体系，对每项技能提出明确具体的要求或应用原则。教师只有把自己的实践与要求相对照，才能发现成功与不足。同时，技能的形成要通过反复的学习和实践，只有对每次训练的结果给出恰如其分的评价，找出优点和缺点，并提出改进的措施和建议，才能不断提高教学技能水平。

五、教学技能修炼的策略与途径

（一）教学资源，充分利用

教学资源的来源大致有以下几个方面：网络资源、教师资源、学生资源、媒体资源、原创资源、教辅资源、文化资源、教学反思等。

（二）精神关怀，积极给予

教师的教学技能修炼是一个持之以恒的过程，单靠教师个体难出成效，学校和教师团队要积极给予精神关怀，加强教学技能修炼的人文性，以崇高的人文境界关爱教师的教学技能修炼，以课堂教学为平台，营建健康教学技能修炼的精神世界。

（三）持续改进，精益求精

所谓持续改进，就是在查明问题或确定课题的基础上，通过反复进行问题解决或课题完成的活动以实现不断改进的过程。

（四）分解综合，相互结合

综合国际教育界自 20 世纪六七十年代以来涌现出的提高教学技能的新思潮和方法，结合我国的实际，我们认为以下关于教师教学技能训练的几种方法较为有效，这几种方法分为三大类：第一类是教师可以独立操作，分解训练的基本方法，包括观察法、书面作业法、对镜练习法、录音训练法；第二类是教师模拟教学情境对教学技能进行分解训练的方法，包括角色扮演、模拟教学、介入教学、微格教学；第三类是教师进入真实教学情境进行教学技能综合训练的方法，主要是教学的见习、实习、观摩。各种方法你中有我，我中有你，相互关联，层层深入，能较好地提高教学技能。

（五）网络修炼，切实注重

网络修炼以其形式灵活，信息量大，自主性、针对性、互动性、创新性较强等优点，拓展了教师职业技能训练的主体、空间、时间的维度，为教师提高职业技能水平提供了新路径。

第三节　高校教师素质培养

一、培养和提高高校教师素质的意义

（一）提高高校教师素质是提高学校综合实力的核心内容

教师是教育的第一人力资源，高校教师队伍是履行高等教育使命的主体，是提高高等学校办学水平和人才培养质量的关键因素。从经济全球化和教育国际化的趋势来看，高水平的教师队伍已成为一所大学综合实力的核心内容，成为一所大学品质的主要标志。美国伯克利加州大学常务副校长凯罗·科里斯特经常重复一句话："教师的素质就是学校的素质。"曾任哈佛大学校长达20年之久的科南特也说："大学的荣誉不在于它的校舍和人数，而在于它一代又一代教师的质量。"

（二）提高高校教师素质是教师队伍结构优化的实质内容

教师队伍的年龄结构、学历结构、职务结构、专业结构、学缘结构及学科梯队等显结构要素，是高校教师队伍结构中既显而易见又可具体量化的基本要素，并在教师队伍建设管理实践中进行调整和控制。教师队伍的思想政治素质、专业素质、创新素质、人文素质和心理素质等潜结构要素，是高校教师队伍结构中既实际存在又不可具体准确量化的重要因素，但是对教师队伍整体功能的发挥起着十分关键的作用，体现了教师队伍质量的实质内容。教师队伍显结构的各种比例无论多么科学和合理，都是外在的，都不能对教师队伍的质量起决定性作用；教师的素质是内在的，是起决定作用的，它们对高校教师队伍的团结、稳定、凝聚力的增强、教学科研水平的提高和整体效应的发挥都起着决定性作用，且教师的高素质还能弥补显结构比例失衡的缺陷。所以，优化高校教师队伍结构，不仅要注重优化教师队伍的显结构，更要注重优化教师队伍的潜结构，要注重提高教师的思想政治素质、专业素质、创新素质、人文素质和心理素质。

（三）提高高校教师素质是实现高等教育培养目标的前提条件

高等教育的培养目标是培养高素质的人才。高校教师的综合素质直接影响着大学生的素质，从而关系到全民族的整体素质，尤其是创新精神和创新能力。在经济、教育全球化的今天，知识原创产出率和科技发展在很大程度上取决于高等教育质量，而高等教育质量在很大程度上取决于高校教师的综合素质。只有具有创新精神和创新意识的高校教师，才可能对学生进行启发式教育，培养学生的创新能力；只有自觉了解并掌握最新的高新技术发展成果的高校教师，才能站在科技发展的前沿，才有能力引导学生探索新知识；只有自身具备不断学习并提高能力的高校教师，才能教会学生如何学习；只有思想品德高尚、心理健康的高校教师，才能培养出人格健全的大学生。

（四）提高高校教师素质是全面推进素质教育的根本保证

素质教育就是全面贯彻党的教育方针，以提高国民素质为根本宗旨，以培养学生的创新精神和实践能力为重点，倡导遵循学生身心发展特点和教育规律，注重开发人的智慧潜能，形成人的健全个性，提高人的独立性、积极性、自主性和创造性等品质为根本特征的教育。

高校的素质教育是一项复杂的系统工程。要搞好素质教育，高校教师肩负着特殊的使命。教师是发展学生个性的导航者和引路人。高校在素质教育实践中，需要充分发挥教师的主导作用，始终贯穿以"育人"为中心，以"做人"为主线，以"能力"为重点，以"全面"为目标，培养德、智、体、美、劳全面协调发展，适应社会进步，身心健康成长，有较强的能力以及健康的个性，会做人、会求知、会劳动、会生存、会审美的合格大学生。随着素质教育的不断深入，人们越来越认识到素质教育迫切需要高素质的教师。

（五）提高高校教师素质是高等教育大众化趋势的迫切要求

高等教育大众化是世界高等教育发展的一个重要趋势，是高等教育现代化的重要标志。由于各国的文化历史传统不同，经济政治发展的特点不同，各国高等教育大众化实现的条件、动机和途径都存在着很大的差异，大众化所面临的问题亦各具特点。在我国，大众化所面临的问题之一是教师队伍建设跟不上高等教育大众化的快速进程。最显著的表现是高校学生数量激增，但教师数量增长相对缓慢，跟不上高等教育快速增长的需求。在学生增多、教师数量资源相对不足的大众化教育背景下，既要补充教师数量，又要提高教师素质，诸如进一步培养教师的敬业精神、教师的职业道德和提高教师的教学科研水平等。

（六）提高教师素质是实现高等教育国际化的必备条件

高等教育的国际化是指高等教育机构（主要是高等学校）与国际研究、国际教育交流与技术合作有关的各种活动、计划和服务。我国高等教育的对外合作与交流不断推进，双边和多边合作交流不断扩大，目前已与英、德、法等26个发达国家签订了学历学位互认协议，我国高等学校与世界各大洲著名高校、科研机构开展了"强强合作"与"强项合作"。

立足于国际化、全球化的观点，进行高等教育改革，是高等教育现代化建设的一项重要内容。国际化已经成为高等教育发展所面临的关键性问题。高校师生的国际交流和科研项目的国际合作，已成为评价高校办学水平、影响高校发展空间的重要因素。国内许多大学设计了国际化目标，诸如实现教师国际学术交流、承担国际合作项目，为所在地区培养面向世界的高质量人才或开展留学生教育等，高素质的教师队伍是实现上述国际化目标的前提条件，高等教育国际化趋势决定了高校必须加快提高教师素质。

二、高校教师合理的素质结构的基本特点

高校教师合理的素质结构是指在适应社会和高等教育环境的前提下，能发挥最大整体功能的素质结构。合理的高校教师素质结构应具备以下七个基本特点：

（一）高校教师素质与社会要求的一致性

教育目的决定了高校教师的素质要与社会要求保持一致。不论是教育的社会化功能还是个性化功能，都是为了培养社会所需要的、高质量的人才。高校教师只有按照社会的要求提高自身的各种素质，才能更好地造就社会需要的人才。随着社会的不断进步，有意识地按照社会的要求提高自己的素质，才能满足高等教育工作的需要。

（二）高校教师素质结构的全面性

高校教师素质结构是由多个素质构成的集合体。高校教师的素质包含着多方面的内涵，各素质只有有机地结合，形成完整的素质体系，才能在教育中发挥最好的作用。各素质既相互促进又相互制约。如果缺乏某些素质要素，其他要素的作用就会受到影响，素质的整体功能就会遭到破坏。例如，缺乏人文素质，创新素质的功能发挥就要受到影响。

（三）高校教师素质结构的互补性

高校教师素质在发展过程中，受到外界因素和自我学习不均衡的影响，

各种素质之间存在着显而易见的差异。这种差异性为各素质之间的相互补偿提供了必要性，不然素质结构的整体效应性就会受到严重影响。同时，素质结构的整体协调性也为各素质之间的互补提供了可能。

（四）高校教师素质结构的协调性

高校教师素质结构的协调性主要表现为素质结构所产生的正效应作用。同时，也要求各要素之间一定要密切配合，有机联系，并且素质间的差异不能过分悬殊。总之，素质结构中的任何一个素质都不应成为其他要素在教育中发挥作用的制约因素，否则就会产生教育的负效应。

（五）高校教师素质结构的层次性

高校教师素质结构不仅是个多维结构，而且是一个多层次结构。高校教师素质结构不仅在横向方面存在紧密联系，而且在纵向方面，不同层次的素质之间也存在着紧密联系。以心理素质为例，它具有三个维度——因素品质、人文状况和心理健康水平，心理健康水平会影响前两者的效果，因素品质和人文状况也会直接影响心理健康水平。其中的因素品质又包括认知因素和人格因素，这两者也是相互影响，比如是否具有百折不挠、坚忍不拔的人格特征会影响观察、记忆和思维的效果。这种横向和纵向的联系构建了教师整个素质结构的多维空间。因此，教师在构建自己良好素质结构的过程中，既要从大处着眼，又要从小处着手，不要忽略某些看上去似乎不起眼的细节。因为无数个小的积累，才能筑起高质量的教师素质的整座大厦。

（六）高校教师素质结构的动态性

高校教师素质结构的动态性主要表现在其素质结构要与社会发展相适应，与学生的身心发展相适应，与科学技术的进步相适应，处于一定的发展、变化和调整之中。例如，创新素质反映了当代高等教育实现培养创新人才和创造新知识、新技术的任务对教师的要求，反映了素质教育对教师的要求，所以其理所当然地成了21世纪高校教师素质结构的要素之一。人文素质中体现的人对生命的关爱、对人的价值的尊重、对人和社会的终极关怀，无不反映了构建和谐社会对人的素质要求。

（七）高校教师素质的鲜明个性

高校教师素质要有鲜明的个性特征，主要是指要有某一方面与众不同的特殊优势，充分展现自己的个性和才华，这样才能形成自己独特的教育风格，才能促使学生个性充分发展。

三、高校教师素质的有效培养措施

（一）保证培养经费，多渠道多视角地实施教师培养规划

教育决策部门和高校领导必须从战略高度重视高校教师素质培养工作，各院校必须根据实际情况，制订多层面的教师培养方案，保证培养经费到位，力争科学合理地使用。选派有发展潜力的中青年骨干教师到有关高校进修学习，在专业理论、专业技能、教学方法等方面接受系统培训。还可通过各种渠道、各种形式定期选派教师进行出国进修、攻读学位等，使教师的专业理论水平和实践能力得到提高。教师还可利用在国外学习的有利条件了解本专业的最新研究成果和学术动态。确保高校教师素质和教学质量的全面提高。

（二）加强师德建设，树立高校教师良好的人格形象

第一，要有培养计划和方案，把师德培养纳入高校教师素质培养计划，对全体教师进行培养。对新上岗的教师应举行一定时间的师德培训，以社会主义市场经济条件下师德要求和师德规范为切入点进行师德教育，同时实行导师制，配备带教教师，把师德教育寓于教师业务培养之中。第二，要建立健全师德制度，为教师指出应尽的师德义务和要求，如学校师德建设工作条例、实施细则、文明规范、育人准则、师德公约等。第三，要建立奖罚机制。对师德优秀的教师应给予表彰和奖励，增强其荣誉感，并与晋级、评聘、职称评审挂钩。同时，对违反师德要求的人和事要进行批评教育。第四，要建立学校、社会师德监督机制，形成督促师德建设的良好校园环境和社会环境。组织由领导、教师、退休教师参加的师德监督检查小组，设立师德信箱，鼓励学生对教师师德进行评价；建立师德监督网站，通过社会媒体等各种渠道，对教师师德起示范和警诫作用，不断鼓励教师自我加压，严格自律，提高教师的师德修养。此外，高校教师要以超前的思想，紧跟时代发展步伐，不断更新思想、观念，用现代的精神充实思想，完善道德，修养品质。

（三）开展培训，提高高校教师信息技术和现代教育技术的应用能力素质

在信息社会里，教师作为新知识的传授者，必须主动适应信息社会教育给自身工作带来的变化。熟悉并了解信息知识，掌握信息应用能力，才能了解本专业、本学科国际发展动态，不断更新自己的知识，在教学改革中更主动、有效地发挥作用。与信息应用能力素质紧密联系的是对现代教育技术的

掌握和应用能力素质。因此，要把现代教育技术培养作为高校教师素质培养的重要内容。充分利用校园网、现代教育技术中心、计算机系的资源，对教师进行分期分批培训，同时在政策上提出要求，鼓励和督促教师掌握教育的信息技术，将信息新技术变成教学内容和教学实践的真正工具和手段。以适应信息化教学的需求。作为教育部门来说，应为高校教师新能力的实现提供有效的措施和途径，以保证高校教师的这种新能力的实现及信息素质的提高。

（四）提升高校教师教学学术水平，造就一批教学大师

新时期的高校教师要掌握党的教育方针和教育政策，掌握教育改革和发展的趋势，使教育和教学活动有坚定正确的方向，同时又能紧密结合社会需求取舍教学内容；掌握一定的教育学与教学理论；掌握和运用先进的教学方法及现代教育技术；能够参与人才培养方案、教学计划、教学大纲的制订和开发新的课程等；能够创造性地进行教学活动。教学学术能力素质的提高可采取如下途径：首先，创造各种学习条件，促使教师提高教学学术水平。其次，加强政策导向，制定各项政策，调整教学课时酬金发放办法，在教师职称评审和考核中对教学学术水平提出明确要求，教学成果和教学研究论文与科研成果和论文同等对待等。积极鼓励教师提高教学学术水平，充分肯定教师的教学学术水平，使提升教学学术水平变成教师的自觉行动。

（五）高校教师要保持强烈的自信心，强化创新意识

新时期高校教师要保持强烈的自信心，要具有敏锐的洞察力、丰富的想象力以及大胆的创造精神，勇于打破传统的教育模式，具有开拓进取的意识和创新求异的品质。敢于创新，敢于大胆质疑，提出自己独特的见解，为学生的创新意识做出表率，在不断完善自我的同时开发学生的潜能。

（六）高校教师要保持强烈的求知欲，完善和优化知识结构，注重自我培养和自身专业发展

新时期，高校教师应不断完善自己的知识结构，积极运用所学的现代教育理论和现代教育技术进行教育教学尝试，在教学中注重知识的形成、发展和运用，注重思维的培养和训练。随着高校职能观念的转变，教师在学术研究方面应具有的实力显得越来越突出，教师的知识结构应结合相应学术目标来构建和完善。这样才能发挥高深学问的作用，显示以科研带动教学，提高教学质量，提高高校办学水平的能力。因此，新时期高校教师要保持强烈的求知欲，使自身的知识结构既符合新时期高校发展的要求，也符合自身不断完善的发展要求。

第二章 高校教师队伍结构

第一节 高校教师队伍结构要素分析

一、高校教师队伍结构要素

（一）教师队伍结构的概念

所谓结构，是指事物内部各个要素、部分相互联系的方式。任何事物的构成都有其结构，结构是构成事物、决定事物性质和质量的内在因素。不同事物的结构决定着不同事物的性质。

高校教师队伍结构是指教师队伍中教师本身条件要素的构成比例及其相互联系，如教师的职务、年龄、学历、专业等要素的构成比例，以及教师的素质及其相互之间的关系等。

从系统理论的角度来看，教师队伍是一个系统。系统原理认为：系统虽然由要素组成，但它却具有其构成要素所不具备的新的功能。要素的功能好，系统的功能未必就好，系统的功能不仅取决于要素的功能，还取决于系统的结构。这一原理，同样适用于教师队伍结构的理论研究与实践。因此，我们要通过教师队伍结构的调整与优化，促进其整体功能的发挥。

教师队伍的结构从根本上讲是一个动态结构，它要适应所处阶段的国家政治和经济发展水平的需要；要适应所在高校的性质、任务和规模以及学科建设需要，且随着高校的发展而不断优化。

（二）高校教师队伍结构要素

构成高校教师队伍结构的要素，大体可分为两类。一类是潜结构要素，如教师的思想政治素质、专业素质、创新素质、人文素质、心理素质等，它直接影响教师队伍的整体效能及稳定状况，这是高校教师队伍结构中既实际存在又不可具体准确量化的重要因素。一类是显结构要素，如教师的职务、年龄、学历、专业、学缘等，它能直接显示教师队伍的质量、能力和学术水平的基本状况，这是高校教师队伍结构中既显而易见又可具体量化的基本要素。

就潜结构方面来说，教师的思想政治素质、专业素质、创新素质、人文素质和心理素质都是优化教师队伍结构的重要因素，它们对高校教师队伍的团结、稳定、凝聚力的增强、教学科研水平的提高、整体效应的形成与发挥都起着决定性的作用。思想政治素质是指教师在政治立场、思想观点和工作作风等方面所应具备的基本要求。专业素质是指教师在教育教学过程中表现出来的以及潜在稳定的必备的专业品质，主要包括教师职业道德、教师专业知识和教师专业能力。创新素质是指教师从事科研工作和培养学生创新能力必须具备的要求，主要包括创新观念、创新人格和创新能力。人文素质是指教师关于对人的生命、意义和价值等精神世界的关注与追求的素质，主要包括人文精神、人文知识、人文思维等。教师心理素质是指教师在教育实践中生成和积淀的，与学生身心发展密切关联的，对教育教学效果有显著影响的心理品质的综合表现，包括认知因素、人格因素和心理健康水平等。

二、高校教师队伍结构分析

（一）职务结构

职务结构是指教师队伍内部具有初级、中级和高级专业技术职务数量的构成情况。高校教师的专业技术职务由低到高，依次为助教、讲师、副教授、教授。职务结构是衡量教师队伍整体状况的重要尺度之一，它在一定程度上反映了教师队伍中教师的学术水平、胜任教学科研工作的能力和学校的人才培养层次。

教师职务的结构比例受到高校类型、学科专业分布、人才培养规格、教师的学历层次以及有关政策的制约，呈现出不同的特点。例如，以培养研究生和科研为主的研究型大学，高级职务的比例较大，职务结构呈倒金字塔形；教学与科研并重的大学，正高级职务与初级职务比例相对较小，副高级职务和中级职务的比例较大，呈卵形结构；以教学为主的专科学校，高级职务更少一些，职务结构呈金字塔形。各高等学校的教师职务结构比例不尽一致，应针对不同类型的学科、专业和不同层次的教学任务，科学、合理地确定教师的职务结构。

（二）学历结构

学历结构是指教师队伍中具有不同学历（学位）的教师数量的构成状况，是衡量教师群体理论水平和研究能力的重要指标。虽然学历不能反映一个教师的实际教学能力和科研水平，但在一定程度上反映出一个教师在某个学科上的起点和基础。一般来说，具有较高学历的人，能很快地被吸引到学术领域的最前沿，具有较强的研究和创新能力。学历结构在一定程度上反映了教师队伍的理论知识、业务基础和科学研究的水平。

（三）年龄结构

教师的年龄结构是指教师队伍的平均年龄和各年龄段教师分布的状况，它在一定程度上反映了教师队伍的活力和学术梯队的基本状况，是衡量教师队伍创造力高低的主要指标。

合理的年龄结构是指老、中、青教师应大致呈均衡分布，从而保持整个队伍既有丰富的经验、深厚的功底，又充满创造热情，保证可持续性发展。合理的年龄结构不应是高、中、低三级职务分别分布在老、中、青三个年龄层次，更主要的是在高级职务中应有三个年龄层次的人。

（四）学缘结构

学缘结构是指教师队伍中教师完成最后学历（学位）教育的毕业学校、所学专业的构成状况，它在一定程度上反映了教师队伍的学术互补、知识构成情况，是衡量教师队伍学术氛围是否活跃的主要指标。

一般来讲，在一所高校里，教师来源的多样化程度越高，其学术氛围就越活跃，教师的学术观点和学术思想就会形成互补，从而有利于提高教师的整体学术水平。反之，相同的学术背景是导致原创性成果贫乏的主要原因之一。原创性成果通常是在不同思想的相互碰撞中产生的，如果众多的教师来源于同一个学校、同一个实验室、同一个研究所甚至同一个导师，在学习环境、知识构成、思维方式等方面，往往具有较强的同质性。一个具有较强同质性的群体中，不同思想相互碰撞的情况较少，相互激发创新思维的概率很低。

（五）专业结构

专业结构是指教师队伍中教授公共基础课、专业基础课和各类专业课的教师的数量构成情况，它在一定程度上反映了教师队伍承担教学科研任务的能力，也是学校学科建设情况的重要体现。

随着近几年的高校扩招，新办专业的不断增多，高校教师专业结构呈现出不够合理的态势，教师在各专业学科之间的分布很不平衡。一些传统专业学科的教师相对过剩；有些学科，特别是新兴学科的教师却十分短缺，有的甚至已经影响了学科的发展和专业人才的培养。因此，在专业结构方面，要切实做到统筹规划、合理布局、讲究效益、互补优势、提高效能，使公共基础课、专业基础课和各专业课的教师配置，有利于适应学校人才培养规格的需要，有利于学校学科建设的需要，有利于学校教学科研任务的完成。

（六）学科梯队和学术团队

学科建设是高校工作的重中之重。研究教师队伍结构，不仅要相对独立地分析职务结构、学历结构、年龄结构、学缘结构和专业结构等，还需要关注学科梯队的构成状况。学科梯队是以学科为依托，在学科带头人的领导下，承担学科建设任务的具有不同职务、学历、年龄、学缘的教师所组成的教师队伍。一般来讲，学科梯队有两个显著的特征。其一是学科梯队的层次结构，学科梯队里有遴选产生的一位在本学科水平最高、影响最大的学科带头人，学科带头人应具有高深的学术造诣和创新的学术思想，品德高尚，治学严谨，具有较好的组织协调能力和合作精神，在学科发展、梯队建设、人才培养等各方面起着带头作用和凝聚作用；同时，每个学科方向还有一至两位在本学科方向上学术地位比较高的学术带头人以及若干名学术骨干。其二是学科梯队的年龄梯形结构，学科梯队由老、中、青不同年龄段的教师组合而成，老年专家把握方向和传授经验，中年学术骨干担纲学科的重大研究和攻坚任务，青年骨干教师保证学科的可持续发展。

进入 21 世纪以来，学术团队研究在我国高等教育领域乃至社会科学领域逐步兴起，学术团队建设越来越受到重视。高校学术团队是指高校专业人员（或教师）为了追求和实现共同的学术价值或学术目标而形成的相互联系、相互合作的教师学术群体。学术团队有以下基本特征：第一，共同的学术目标。共同的学术目标是团队建立和发展的重要基础，是团队成员的工作追求和行动方向。第二，灵活的组织方式。灵活的组织方式是优化团队人力资源、增强团队学术活力、促进团队健康发展的重要保障。基本结构是"三圈层"结构模式，即团队由核心层的学术带头人、中圈层的学术骨干、外圈层的研究人员（主要是教师）构成。第三，杰出的学术带头人。目前，在实践中，高校学术团队特别是科技创新团队的学术带头人，通常是由在本校科研教学第一线全职工作的两院院士、长江学者、国家杰出青年科学基金获得者以及国家重大项目主持人或首席科学家等担任。第四，良好的沟通渠道。良好的沟通渠道是团队成员交流与互动的必要条件。它包括团队内部与外部的沟通渠道和团队内部各要素之间的沟通渠道。第五，有效地分工合作。有效地分工合作是保障团队运行秩序与活力、提高团队活动效率和效益的必要条件。团队中的成员可能来自不同的学科和岗位，具有不同的学科背景和专业技能，通过分工合作实现团队共同的学术价值和学术目标。第六，自愿责任共担。

责任共担是团队全体成员的自愿表达和行为准则，已成为高校学术团队的基本特征。

围绕学科建设、科学研究和科技创新目标，建设若干学科梯队和学术团队，更好地实现高校人才培养、科学研究和服务社会的三大基本职能，尤其是在国家科技创新体系中发挥知识创新和技术创新主力军的作用，是高校教师队伍建设发展的新趋势。

第二节 高校教师队伍结构的优化

一、优化高校教师队伍结构具有重要的时代价值

所谓结构是指事物系统的诸要素所固有的相对稳定的组织方式或联结方式。因此，高校教师队伍结构是指高校教师队伍中不同教师之间相对稳定的匹配状况和联结状况，包括由什么教师构成和他们是如何构成的双重内涵。在既定条件下，前者决定着教师队伍整体功能的潜在性大小，后者决定着整体功能的实质性程度。尤其是对于以学术为志业的高校教师而言，表现为交流合作的教师之间的联结关系无论对教师个体还是对高校组织的学术发展都产生重大影响。优化高校教师队伍结构有助于充分发挥高校在人才培养、科学研究和社会服务上的整体性功能。

（一）优化教师队伍结构有利于提高高校的人才培养质量

人才培养是高校的基本职能，培养人才，关键在于教师。作为一个传授高深学问的专业机构，高校教师队伍要高质量地完成教学任务，必须拥有高深的知识、宽广的视野、活跃的思维和很强的能力，而这些品质的形成有赖于长期且严格的学历教育并通过相应的职称级别得以体现；此外，提高教学质量离不开一个老中青搭配合理、交流合作频繁，善于从对方吸收各种教法精髓的教学梯队。从实践层面看，优化教师结构，吸引优秀学子，培养精英，是各国高校发展的共同经验。一流的大学总是拥有一流的教师队伍结构，建设一支结构合理的教师队伍是所有高校的共同追求。

（二）优化教师队伍结构有利于提升高校的科学研究水平

科学研究是现代高校的一项重要职能。在现代社会，教师的科研基础、科研实力、科研潜力和教师的学历状况高度相关，而职称级别就是科研能力和科研业绩的制度性认可。实际上，教师的学历和职称状况已经成为衡量一

所高校科研实力的重要指标。除此之外，学缘结构和年龄结构也是影响高校科研水平的重要因素，其中，视野狭窄和思维僵化对创造活力和科研产出等都产生了消极影响，人才断层尤其是学术带头人后继无人会制约科研梯队的良性循环甚至带来毁灭性打击。从联结方式看，交流讨论、合作共事、帮扶指导是科研梯队健康发展的重要途径。良好的教师结构总会表现为队伍的科研基础好、创新能力高、代际传递畅、科研氛围佳、互动渠道多、优势互补强，从而有助于科研成果的不断涌现和科研队伍的可持续发展。从一定意义上说，高校之间科研实力的竞争就是教师队伍结构优化度的竞争。

（三）优化教师队伍结构有利于增强高校的社会服务能力

经过高校改革，社会服务成为高校的重要使命和高校教师角色内涵的重要组成部分。随着高校与社会关系的密切化，高校服务社会的方式呈现出复杂化、项目化和团队化特征，服务内容涉及多方面的学科和领域，需要教师队伍具有多样的知识与能力，并处于良好的相互协调合作之中。从这一角度上讲，合理的教师队伍结构是充分发挥高校服务社会功能的重要条件。

二、优化教师队伍结构的目标

总的来讲，教师队伍结构优化要达到的目标，是要适应国家社会发展、经济建设和科技发展的需要，适应高等教育事业发展的需要，以培养高层次创造性人才和创新团队为重点，着眼于高校高层次人才总量的增长和素质的提高，努力建设一支数量充足、结构合理、富有创新能力的教师队伍，从根本上提高我国高校在世界范围内的学术地位和竞争实力，更好地发挥国家基础研究和社会科学的主力军、高新技术研究的重要方面军和科技成果转化的强大生力军的作用，为国家建设提供坚强的智力支持和人才保证。

各高校教师队伍结构的优化要适应学校发展战略和办学目标的需要，教师队伍结构优化的目标要结合学校的办学目标、办学规模、办学层次和学科建设的需要分阶段确定。不同类型的学校，在合理的职务结构、较高的学历结构、多元的学缘结构、均衡的年龄结构、协调的专业结构及具有创新水平的学科（学术）梯队建设的目标确定上，应当有所区别。

三、高校师资队伍结构优化途径

高校要建设一支德才兼备、结构合理、高效精干、充满活力的师资队伍，首先应着眼于优化师资队伍的结构，使师资队伍的年龄结构、学历结构、职称结构、学缘结构、学科结构等逐步趋向合理。只有各项结构因素都达到优化，才能最大限度地激发各项结构因素的活力，使师资队伍整体结构达到和谐，实现以师资结构的优化来推动高校的进步与发展。具体来讲，高校师资队伍可以通过下列途径实现结构优化：

（一）完善进入机制，通过多种方式吸引人才，优化师资队伍结构

高校在进行师资补充时，要充分考虑多方面因素，均衡、客观、有序地开展师资补充工作。首先，应根据学科建设的需要，综合师资力量的总体水平，建立合理的进入机制，制订科学的补充计划。师资补充的速度与规模既要与学校发展的规模、学科建设的需要相适应，又要考虑教师引入后的使用、培养、流动等问题，做出合理预期，把握好师资补充工作的节奏。其次，在控制好工作节奏的前提下，要面向社会，公开遴选高水平的教师。以多种方式吸引人才，营造积聚高层次人才的环境和开发挖掘人才潜力的制度。对引进各类人才在教学、科研等方面给予优惠政策，激发教师对学术科研工作的积极性和主动性。最后，在选用人才时要严把质量关，严格控制进入年龄、进入层次。通过各种渠道广泛吸纳贤才，不同学术思想和教学方式相互渗透，从而改善我国高校师资队伍的学缘结构，建设一支以中青年教师为骨干的结构均衡的师资队伍。进入机制要与市场经济体制相适应，以促进高校教师合理流动，推动高校教师在竞争中提升，在动态中发展，优化高校教师资源配置，最终实现师资队伍的结构优化。

（二）拓宽师资培养途径，提升教师业务素质

高校应结合本校实际情况，建立并完善多层次的师资培养体系，促进教师业务素质的全面提高。首先，要鼓励青年教师在职攻读博士学位，针对学历提高，高校可设立"培养基金"专款支持，从而不断提高师资队伍的学历层次，改善师资队伍的学缘结构。其次，根据学校学科专业建设，培育学术氛围，通过开展各种校内短期研讨班和讲习班，帮助教师了解学校的学科前沿发展动态，更新拓宽知识面，改进教学方法，在学习、研讨中逐渐形成一种和谐宽松的学术成长环境。最后，要通过各种校外途径提升教师素质。对于一些具备学术科研潜能的中青年骨干教师，可由高校以访问学者的形式推荐至兄弟院校或科研院所开展学习交流。高校也应鼓励中青年教师积极参与各种国内外学术交流活动，通过与国内外同行交流，开展协作，拓宽视野，增强国际学术精神与竞争意识。通过规划和落实高校教师多学科、多层次、多方式的培养体系，可以不断提高教师终身学习的自觉性，提升教师的个人业务素养，优化师资队伍的整体知识结构。

（三）通过有效措施，激励、培养领军人才

领军人才是一所高校实力的象征，也是高校未来发展的保证。因此，领军人才的培养是高校师资队伍建设的关键，也是完善和优化师资结构的重要途径。高校要围绕学科发展与教学改革，根据踏实加强基础学科，重点发展应用学科，有针对性地发展新兴学科和边缘学科的方针，采取有效措施，运用各种激励政策，加速培养领军人才。首先，利用各种专项基金的有效机制，发挥各种奖励制度的激励作用，对杰出人才、学科带头人和骨干教师给予重点支持、重点扶植。其次，要根据各高校的实际情况，设立首席教授、特聘教授、重点岗位、关键岗位，实行高额特殊岗位津贴，引进、培养一批能够领导本学科达到国际、国内先进水平的学科带头人。再次，按照学科专业建设规划，实施中青年骨干教师资助计划，有计划、有目的地遴选优秀中青年教师加以重点培养，实现领军人才的后续储备。最后，支持和鼓励教师的创造性思维和科学发现，将优秀的中青年教师推上教学科研第一线，支持他们参与或主持重大科研项目。参加重点科研项目的联合攻关，在实践中培养教师的学术科研能力，不断推进师资队伍的优化和发展。

（四）加强以青年教师为重点的培养工作，全面提高教师的素质水平

教师队伍的年轻化是目前高校教师队伍的重要特点之一，年轻教师已成为高校教师队伍的主体。不可否认，目前青年教师学历普遍较高，应变能力较强，不少人有海外留学的经历。但要担当起教书育人的伟大事业，仅有经力还远远不够。他们面对困难的敬业精神、在利益面前的奉献精神、在复杂形势下明辨是非的能力必须经得起考验。同时，在众多青年教师中，有不少人是毕业后直接到学校工作的，各校自己选留的毕业生也占较大的比重。这些教师的突出优势很多，比如熟悉本校情况、进取心强等，但同时存在缺乏社会锻炼等问题，他们在对社会的认识、对国情的了解方面缺乏足够的阅历，实践能力有所欠缺。

青年教师的政治信仰、价值观取向、工作态度等深层次理念以及教学水平、学术水平和创新能力，将直接影响未来我国高等教育的发展方向。重视青年教师的培养，是教育职能部门和高校的当务之急。

首先，要采取多种形式培养提高青年教师的思想政治素质和专业素质。比如，实行导师制度，指定师德高尚、治学严谨、教学科研水平较高的教师，负责帮助青年教师在思想政治和教书育人等方面实现成长和提高，充分发挥中老年教师的传帮带作用；有计划地安排青年教师参加社会实践，帮助他们了解社会、锻炼能力，树立从事教师职业的使命感、责任感和荣誉感。

其次，高校要在提高教师队伍全面政治素质和业务素质的基础上，制订青年骨干教师专门培养计划，采取多种措施，鼓励和支持青年骨干教师在职提升学位层次及早参与科研工作、进入国内外高水平大学和重点科研基地研修学习，开展经常性学术交流活动，不断提高学术水平、创新能力和组织协调能力。

四、优化教师队伍结构要处理好几个关系

第一，学科（学术）带头人的选拔与学术团队的组建相结合。高校教师队伍的建设，应该协调好学科（学术）带头人和学术团队的关系，做到既能使学科（学术）带头人脱颖而出，又能积极地发挥学术团队的集体力量。在现代教育和现代大学的建设和发展中，在教师队伍的建设中，我们不仅需要学科（学术）带头人，还需要发挥整个学术团队的力量。学科（学术）带头人的产生和发挥作用离不开学术团队的支持；缺乏学科（学术）带头人，也无法形成真正的学术团队。所以，它们是紧密联系在一起的，在这里，矛盾的主要方面是学科（学术）带头人的作用。作为一个学科（学术）带头人，除了在学术水平上的造诣之外，还必须具备高尚的道德素质和人格魅力，他应当具有一种感召力，团结大多数人一起工作，通过这个学科（学术）带头人，真正形成一个有实力的学术团队。

第二，教师的培养工作要坚持重点培养与普遍提高相结合。要提高教师队伍素质，既要集中力量重点培养学科带头人和骨干教师，又要针对教师队伍的整体需要，培养、提高每个教师的素质，面向全体教师开展培养和培训工作，用以点带面的方式全面推动教师队伍整体素质的培养和提高。

第三，教师的选拔任用要坚持专职教师与兼职教师相结合。随着教师聘任制的不断完善，教师的流动和择优聘任是趋势，因此教师队伍中教师的固定和流动是共存的，教师的专职和兼职是必然的。要针对优化教师队伍结构、充实急需的教师骨干、补充必要的教师层次的需要，有计划、有目的地聘任兼职教师，充分发挥兼职教师的作用。

第四，要注重优化教师队伍的显结构，更要注重优化教师队伍的潜结构。教师队伍的显结构显而易见，并在实际管理中易于进行组合、控制。而教师队伍的潜结构则并不显而易见，但它确实存在，并对教师队伍整体功能起着十分关键的作用。所以，优化高校教师队伍结构，不仅要注重教师的年龄、学历、职务、学科、学缘等显结构的优化，而且要注重教师的思想政治素质、职业道德、心理素质等潜结构的优化。

第三章 高校师资管理探索

第一节 高校师资管理概念

一、高校师资管理

关于"师资管理"的概念，最早可以追溯到16世纪前后西方人文主义教育思想鼎盛时期。那时，人文主义教育思想的代表人物维多利诺、维夫斯、夸美纽斯等对教师的职责、品格、能力、聘任等均提出了要求，同时还提出了应该尊重教师的要求。几个世纪以来，随着现代高等教育的发展，西方发达国家对高校教师的职责、任职条件、聘任办法、酬劳、考核、晋升等制定了一整套管理制度，并不断进行完善，为我们提供了有益的参考。中华人民共和国成立以来，党和政府一直十分重视高校教师队伍的建设和管理。在深入研究高校师资管理的有关具体问题之前，我们首先需要了解的是高校师资管理究竟属于哪个管理分支，高校师资管理的目标与任务是什么，高校师资管理包含哪些内容与层次，等等。

二、高校师资管理属于人力资源管理

高校教师无疑是一种人力资源，对高校师资的管理自然就是一种人力资源管理。按照人力资源管理的理论，这里的"组织"就是高校或者政府。作为"组织"的高校，有人、财、仪器设备、房屋、土地等多种资源，每一种资源都是高校发展所必需的。但是，必须承认，作为高校人力资源主体的教师，是高校最重要的资源，而属于人力资源管理的高校师资管理，是使高校获取竞争优势的最重要的工具和手段。高校师资管理的终极目标，就是在促使教师个体的智力资本投资不断升值的过程中，使高校在高水平的师资储备、人才培养、学术成就、科学技术创造力和社会影响力等方面获取竞争优势，为高校自身和国家的发展做贡献。

　　一所高校教育教学的质量、学科建设与学术研究的水平主要取决于教师的水平。一所学校的名气、地位和影响主要是靠众多大师级人物和高水平的教师连绵不断的人才培养和学术积淀而形成的。只要有了有名望的教师，就可以吸引高水平的学生，培养出高水平的人才；有了高水平的教师，就可以开展高水平的科学研究，做出高水平的研究成果，就可以争取到充足的科研经费，建设高水平的科研基地，形成高水平的学科点。高等学校之间的竞争，其焦点和实质就是师资水平和实力的竞争。现在我们已经迈进 21 世纪的大门，各高校又站在一条新的起跑线上，正如国际 21 世纪教育委员会的报告所指出的那样，"在传授人类积累的关于自身和自然的知识方面以及在开发人类创造力方面，教师将始终是主要的责任者，始终起主导作用"。能否培养出适应 21 世纪需要的创新型人才，关键在于教师。因此，教师队伍的建设永远是高校最基本、最重要的建设。中共中央国务院《关于深化教育改革全面推进素质教育的决定》提出了新时期高校教师队伍建设的总要求，就是建设一支高质量的教师队伍。高质量的教师队伍是由整体结构优化的高素质、高水平的教师个体组成的。所以，我们要建设的高质量的教师队伍应该是教师个体思想业务素质好、知识水平高、创新能力强、整体结构优化、既能自身进行知识创新又能培养具有创新能力的人才的教师队伍。而如何建设这样一支高质量的教师队伍，正是高校师资管理永恒的主题。

三、高校师资管理的内容

　　如同一般的人力资源管理一样，高校师资管理所涵盖的主要内容应包括规划、招聘、培训（培养与教育）、行为激励与绩效评估、环境建设等基本方面。

　　（一）规划

　　规划主要指在一定年限内教师总量和结构（包括学科、年龄、学历、职务和学缘等结构）方面的计划。制订这种规划的主要依据是该年限内学生的最大规模及办学效益所希望的师生比例和教师与非教师比例。同时，也要考虑到学校的类别、层次、地域、办学理念与设定目标等方面的差异性，从实际出发，制订切实可行的、分年度执行的教师补充计划，做到有目的、有计划地招聘教师，使教师总量和各种结构逐步趋于合理。

　　（二）招聘

　　招聘是学校补充人力资本的一种手段，一般是按学校的年度招聘计划进行的。现行招聘教师的方式，包括毕业生选留、人才引进或调进，除了兼职或客座教师外，实际上隐含着劳动关系的终身聘任。随着我国现代化进程的推进和人才竞争的国际化，缺乏竞争激励的用人制度越来越显现出不适应性。最终，它必将被国际通用的招聘方式和工资制度取代，也就是教育部《关于新时期加强高等学校教师队伍建设的意见》中所提出的24字方针，即按需设岗、公开招聘、平等竞争、择优聘任、严格考核、聘约管理。聘约管理实际上就隐含了以岗定薪、高薪聘任、优劳优酬的工资制度。教育部推出的特聘教授制度为我们树立了新型的招聘高校教师的典范。

（三）培训（培养与教育）

培训是学校为获取更大竞争力而实施的人力资本投资的一种方式。对于高校教师的培训，包括业务培训与思想政治培训，是对教师进行在职培养、教育与提高的重要手段，也是促使教师个体智力资本投资不断升值的一条途径。教师业务培训主要着眼于提高学历、更新知识、改善知识结构、提高教学科研创新能力等，培训方式包括在职攻读学位、参加高级研讨班、国内外进修访问、承担重要教学与科研任务等形式。思想政治培训主要是引导教师热爱祖国，忠诚人民的教育事业，爱岗敬业，团结协作，乐于奉献；引导教师树立正确的世界观和方法论，用辩证唯物主义和历史唯物主义的立场、观点和方法指导教学科研活动；进行师德教育，引导教师模范遵守职业道德，潜心治学，诲人不倦，真正做到为人师表，教书育人。

（四）行为激励与绩效评估

高校师资管理的目的就是要建设一支高质量的教师队伍，并努力调动他们教学科研的积极性和创造性，充分挖掘他们的潜能，使他们取得更骄人的成绩。调动教师积极性、挖掘教师潜能最有效的办法，除了遵循管理学的基本原理（人本原理、责任原理等）外，还需要制订科学合理的教师绩效评价体系，并采用种种手段对教师实施行为激励。如何对高校教师的绩效进行评价和如何对教师实施行为激励，是高校师资管理中的重大课题，需要高校师资管理工作者倾注极大的注意力。

（五）环境建设

高校教师队伍建设的环境可以粗略地分为大环境和小环境。大小环境也是相对而言的。大环境主要指社会环境，小环境主要指学校环境，包括具体的生活环境和学术环境。在校内，也有大小环境的问题。一个学科点内的环境是基本的小环境。

社会环境是高校教师队伍建设的大环境。这是由党和国家的方针政策、民族文化传统和国民的素质决定的。中华民族一向有尊师重教的美德，党和国家历来提倡尊重知识、尊重人才，特别是党中央提出的科教兴国战略决策已经成为全国上下的共识，教育在国民经济和社会发展中的基础地位得到确认，党的知识分子政策逐步落到实处，真正尊重知识、尊重人才、尊重学术自由的社会环境基本形成。这为高校教师队伍的建设营造了一个良好的外部社会环境。在这样的大环境下，高校的任务就是努力建设好校内的小环境。

小环境是由学校的知名度和学科水平、学校的办学理念和办学条件、政策措施、管理水平和学科点内部诸成员的行为共同决定的。小环境中，生活环境、生活条件固然重要，是教师奋发拼搏的基本环境和基础，但是学术环境的建设相对来说更为重要、更为困难。学术环境大体上包括硬条件和软环境。硬条件主要指学术队伍实力，开展学术研究的用房、仪器设备、文献资料、科研经费、后勤保障等条件；软环境则泛指以人才培养和科学研究为中心的思想落实的程度、学术氛围和人际关系。有利于吸引优秀人才的学术软环境应该有具备较高学术水平与社会影响的、德才兼备的学科带头人，有宽松自由和活跃的学术气氛、浓厚良好的学术风气，有乐于奉献、团结协作、互敬互重、融洽和谐的人际关系。在学校和院系充分落实了以教学科研为中心、尊重知识、尊重人才政策的前提下，学术软环境建设的关键是选拔和培养德才兼备的学科带头人。

总之，从纵向看，高校师资管理工作是一项系统工程。从队伍总量规划、选聘录用、使用培训、评估激励、结构优化到学术环境建设、稳定吸引优秀人才，每一个环节都非常重要，缺一不可，各个环节构成一个整体，形成一个系统。从横向看，高校师资管理工作是一项综合工程。从国家和政府层面上，它涉及国家经济建设、社会发展和人民的需要，涉及对知识和知识分子，特别是对高级知识分子作用和地位的认识以及所采取的相关政策，涉及社会环境的建设等多个政府部门的工作。从学校层面上，它需要从学校到院系各级领导和组织的高度重视、扎实工作，需要组织、宣传、人事、教学、科研、财务、外事、后勤等多个职能部门的协同配合。所以，高校师资管理工作绝不仅仅是教育行政部门和高校的工作，也不仅仅是学校人事或师资管理部门的工作，而是一项涉及面很广的综合工程。

第二节 高校师资管理的本质

一、高校师资队伍的相关系统

如果把高校师资队伍看作一个系统，把外部环境看作一个系统，通过前面分析高校师资队伍管理面临和存在的问题，我们发现高校师资队伍系统与外部环境系统存在矛盾，矛盾的主要方面在于高校师资队伍的状态不能满足外部环境发展变化的需要，我们很难改变外部环境系统，所以应该从高校师资队伍方面着手解决问题。这里的高校师资队伍系统可以看作"人"的系统，系统要素主要是教师，这些教师存在于高校环境下，系统管理包括调配管理、薪酬管理、晋升管理、培训管理、考核管理、招聘管理等；也可将其看作知识的系统，系统管理包括知识输入（生产、加工）管理、知识传播（扩散）管理、知识创新管理、知识输出管理、自学习管理等知识活动过程管理。本书研究的目的在于提高高校师资队伍系统的整体性，包括要素种类、要素能力、要素数量、要素结构（机制、体制），影响高校师资队伍系统整体性的内在因素包括以下几种：

（一）关联性

组成系统的各个要素之间都是相互联系、相互制约的，系统中没有孤立的要素存在。这种特性反映到师资队伍中，可体现为各类教师是相互联系、相互促进、相互影响的。

（二）多样性

客观事物的联系是多种多样的，联系的多样性决定了系统的多样性，分析高校师资队伍这个系统，必须从它的组成成分、结构功能、相互联系的方式等多方面综合考虑。

（三）层次性

从教师类型上分，高校教师可分为以教学为主型、以基础研究为主型、以应用研究为主型、以设计开发为主型等不同类型；从学术职务上分，可分为院士、特聘教授、教授、副教授、讲师等不同梯队；从年龄上分，可分为老、中、青等不同层次。

（四）动态性

系统总是发展变化的，构成高校师资队伍系统的要素如思想水平、业务水平、知识存量、工作态度、工作业绩等都是不断发展变化的，一名教师的工作经验从稚嫩到成熟，学术水平从低到高，这都是动态性原则的具体体现。

（五）环境适应性

任何系统都存在于环境之中，与环境进行能量、物质、信息的交换，系统应具备调整的能力，使系统与环境在动态中相互适应。高校师资队伍系统应适应高等教育进入大众化阶段教育环境的变化。

二、高校师资劳动的知识特征

（一）知识系统的整体性

教师知识系统的整体性是就知识构成的表现性质而言的，教师知识是理论知识和实践知识的统一，是不同性质、不同作用的知识的有机结合。理论知识呈外显状态，是教师专业发展及从事教学工作的"条件性知识"和"本体性知识"，而实践性知识通常呈内隐状态，是镶嵌在教师的日常教育教学情景和行为当中的个人经验、观念和意识等，"它具有强大的价值导向和行为规范功能，指导着教师的日常教育教学行为"。在实际的教学、科研工作中，面对各种复杂多变的情况，教师必须及时做出针对性的反应，这种反应有的是教师从已经掌握的显性的理论性知识中寻找根据，更多时候是教师根据自己的经验、观念和意识等实践知识（隐性知识）做出判断与决策。

（二）知识获得的建构性

教师的知识是在实践活动中建构的，具有建构性。教师的知识来源和知识获取有多种途径与方式，理论性的学习、经验性的学习、实践性的反思是教师知识来源的基本途径，接受性学习和发现性学习则是知识获得的基本方式，实践性知识是通过反思等发现性的方式，把自己的经验上升为理性认识而获得或建构的。理论性知识虽然可以通过接受性的学习而掌握，但是，任何理论性知识，特别是对有关教育知识中的理论性知识的学习，都不仅仅是单纯的接受性的记忆和记忆的重现，而是要通过教师自身的内化乃至重组才能够变成他自己头脑中的知识，才能够成为有实际价值的知识。

（三）知识活动时间的模糊性

由于高校教师主要从事知识活动，知识活动有很大一部分发生在人的头脑中。科研型知识员工在研究一个问题时往往整天都在思考这个问题，不只是工作时间。因此，对高校教师的知识活动很难像传统产业那样按时长进行评价。

（四）知识产出评价的复杂性

有的学校在教学评价时，根据教师的教学工作量和教学业绩点给教师"排队"，然后直接与津贴和奖金挂钩，这不失为一种尝试。但在做科研方面的评价时，比如教师晋升专业技术职务，所反映出的标准既有数量的要求，又有质量的要求。教师创造的显性知识相对易度量，而创造的隐性知识很难做出客观精确的统计。

（五）知识存量的动态性

教师的知识是一种需要不断更新、充实的知识。教师要能够随时获取新的信息、知识和成果，不断地更新和完善自己的知识结构，同时也要通过反思性学习，不断体悟和总结自己的经验与理论，充实自己的知识存量，提升自己的知识水平。教师知识的动态性既是社会发展对教师专业发展的要求，也是教师自身专业成长的必然要求，更是教学、科研活动对教师工作的现实要求，教师只有不断更新自己的知识，才能适应科学技术飞速发展的需要，也才能实现自身的成长和发展。

（六）知识价值的间接性

企业知识员工的聘用是经过成本计算的，并根据该员工创造的效益给予加薪优酬待遇，其直接价值可以反映出企业知识员工的能力。但高校教师的价值转化成经济价值和人的发展价值的实现周期较长，而且是间接的。

（七）知识员工的价值观多样性

高校知识员工与企业员工不同。近年来，高校教师的工资待遇有所增长，但仍有部分增长幅度低于受同等教育的其他行业人员。尽管一些高校教师待遇与其自身价值相比还有不小的差距，但他们仍愿意留在高校，这说明高校知识员工所需要的不一定是物质上的需求，更多的是精神上的需求。

三、高校师资队伍的管理系统

我们把高校师资队伍看作一个系统，那么系统要素主要是教师，这些教师存在于高校环境下，有三种大的类型：教师编制类、政治教育类和科研编制类。要对高校师资队伍进行管理，还涉及管理的主体，即高校的相关管理部门，不仅包括行政部门，如人事、财务、后勤等，还包括业务部门，如各院系、研究所等。这些管理部门的管理人员一般都是由教师来担任的，所以对于一个自然人来讲，他（她）有可能既是管理者，又是被管理者。在这里按角色来考虑各要素的关系。管理主体使用各种方法对高校师资队伍进行管理，两者主要是管理和被管理的关系，其中管理主体是管理者，高校师资队伍是被管理者。

四、高校师资队伍的职责

高校师资队伍是指在高校人员编制中属于教师编制的所有人员，包括：在教学岗位上以从事教学工作为主的专任教师，含学生思想政治教育教师；在科研机构主要从事科学研究工作的专职科研编制教师。高校师资队伍主要完成三部分工作：人才培养、科学研究和社会服务。

五、高校师资队伍职责与知识的关系

高校师资队伍管理从表面上看是对高校教师进行管理，但就自然人来说，包括方方面面的事情。那么对高校师资队伍进行管理需要管哪些方面呢？让我们从高校师资队伍的职责来分析。教师编制类教师主要负责教授学生知识，培养各类学生，包括专科生、本科生、硕士研究生、博士研究生，此外还对各类参加继续教育的社会人员进行培训。政治教育类教师主要负责学生的思想政治教育，使学生德智体全面发展，这类教师在所有三类教师中处于辅助地位。科研编制类教师主要负责科学研究、成果转化等工作。科学研究的实质是生产各类知识，包括基础理论知识、应用技术知识等。同时，通过科学研究工作还可以培养高层次人才。研究生的培养主要是通过做科研项目来完成的。高校师资队伍的三项主要职责是培养人才、完成科研项目和进行社会服务。培养人才主要是传授学生知识，完成科研项目主要是创造知识，进行社会服务主要是传播知识和创造知识。可见，高校教师工作的本质是从事与知识相关的工作。

对于"培养人才主要是传授学生知识"很好理解。教师编制类的教师一般都受过高等教育，具有一定的科学文化知识。他们将自己掌握的科学文化知识以课程的形式讲授给学生。通过教学方式传播的知识主要是显性知识。

科研项目可以分为基础研究和应用研究两大类。科研项目的研究内容主要由两种因素决定：一是科学家的个人兴趣，二是社会需求。科研项目的管理者是政府部门，所用资金一般来自国家财政拨款，承担者为各个领域的科研人员。科研项目一方面是针对某个或某些科研问题进行研究探讨，是一种知识的改进创新活动。另一方面，在科研项目的研究过程中培养了科研人才，对科研人才的培养主要是使这些人才的隐性知识不断增加。社会服务可分为完成科研项目和进行各类咨询，完成科研项目主要是创造知识，进行各类咨询主要是传播显性知识和隐性知识，为社会培训各类人才。

通过上面的分析可以看出，高校师资队伍主要是进行知识相关工作，高校教师本质是知识工作者。高校师资队伍建设的基本目的是生产知识、应用知识、传播知识和创新知识。高校师资队伍本身是掌握一定知识的具有特定作用的人才的集合，对于学校从整体上需要进行知识管理（组织知识），对于教师个人需要进行知识管理（个人知识），实现知识共享是高校师资队伍管理的主要目标。要对高校师资队伍进行管理，必须抓住知识本质，这样才能从根本上管理好高校师资队伍。因此，可以说高校师资队伍管理的本质是知识管理。

高校师资队伍知识管理的本质特征概括如下：

1. 高校师资队伍的知识管理是一个过程，是确定、组织、转化和利用知识信息资源和教师个人的智慧才能的过程；

2. 高校教师知识管理的目的是建立起一个帮助教师学习和沟通知识的系统；

3. 高校教师知识管理的核心在于使教师有机会将显性和隐性的实践性知识转化成系统性知识且能相互传承与保存；

4. 高校教师知识管理的最终目的是不断提高教师在知识社会的环境适应、知识创造、知识应用和不断学习的能力，寻求知识增值的有效方法，建立长期的发展能力；

5. 高校教师知识管理就是要促使学校和教师不断地获取知识，使教师通过教学、科研实践不断创造出实践知识。

教师知识管理的本质在于其创造性。

当然，高校师资队伍管理还涉及许多其他方面的管理，如人事管理、科研管理、教学管理等。但是所有这些管理都应该围绕知识管理进行，应该以知识管理为核心和主导，目的是高效地生产、创新和传播知识。

在当前高等教育大众化条件下，从知识管理的角度来考虑，大众化条件主要作用在知识管理过程中知识的传播与共享阶段。这是高等教育存在的目标，即让更多的人接受高等教育。高校师资队伍是实现这个目标的主力军。对高校师资队伍的管理要有利于大众化教育的实现。

第三节 人力资源管理及配置

一、人力资源管理理论

（一）人力资源及人力资源管理的概念

1. 人力资源的概念

目前国内外学者对于人力资源定义的认识和概括仍不尽一致，以下为现在比较有影响的几种解释：人力资源可以看作一定范围内人口总体所具有的劳动能力的总和，是指在一定范围内具有为社会创造物质和精神财富、从事体力劳动和智力劳动能力的人们的总称。人力资源也可以定义为被企业所雇用的各类人员劳动能力的总和。人力资源在宏观意义上的概念是以国家或地区为单位进行划分和计量的。在微观意义上的概念则是以部门和企事业为单位进行划分和计量的。虽然学术界对人力资源的界定并不统一，但究其本质，人们普遍认为，人力资源是人的劳动能力，是存在于人身上的创造社会财富的能力。

因此，人力资源可以定义为一定社会组织范围内人口总量中蕴含的劳动能力的总和。

并非一切人力资源都是最重要的资源，只有通过一定方式的投资，掌握一定知识和技能的人力资源，才是一切资源中最重要的资源，并在财富的转化和再生产中起着举足轻重的作用。

2. 人力资源管理的概念

人力资本理论之父西奥多·舒尔茨认为，人类的未来不是预先由空间、能源和耕地所决定的，而是由人类的知识发展来决定的。

科学技术是第一生产力，人力资源是第一资源，是最富有竞争力的资源，且已成为当今社会最重要的资源。因而，人力资源管理是第一位的工作任务。人力资源管理的含义可以理解为"运用现代化的科学方法，对与一定物力相结合的人力进行合理的培训、组织和调配，使人力、物力经常保持最佳比例，同时对人的思想、心理和行为进行恰当的诱导控制和调节，充分发挥人的主观能动性，使人尽其才，事得其人，人事相宜，以实现组织目标"。

人力资源管理的基本内容主要包括：职务分析与设计、人力资源规划、员工招聘与选拔绩效考评、薪酬管理、员工激励、培训与开发、职业生涯规划、人力资源会计和劳动管理。这几项基本内容相互之间是相辅相成、彼此互动的。

（二）人力资源管理和人事管理的关系

人力是资本，资本就要有研究开发和日常管理。现在很多组织将人力资源管理和日常人事管理混由一个部门来运作，日常的人事管理还可以正常运作，但人力资源管理不能得到正常发挥。人力资源管理要深入研究开发组织下一阶段所需人员，确定这些人员应该从哪里开发，如何将所需人员吸引到组织当中来。

人力资源管理与人事管理在关注员工素质，积极寻找有效的方式进行招聘选拔、培训、评估及激励等方面的基本立足点是相同的。所不同的是，现代人力资源管理已扩大了传统的人事管理的职能，即从行政的事务性的员工控制转为实现企业的目标，建立一个人力资源规划、开发、利用与管理的系统，以提高组织的竞争力。

人力资源管理和人事管理之间是一种继承和发展的关系，一方面，人力资源管理是对人事管理的继承，人力资源管理仍然履行人事管理的较多职能，同时，人力资源管理的立场和角度又完全不同于人事管理，是一种全新视角下的人事管理。

人事部是任何一个组织都要必备的，它要完成组织的日常人事管理。人力资源部就不同了，组织要进入快速发展，为下一发展目标做人力储备，所以说它要结合组织的发展目标、组织规模本身、人力资本的需求量而定，组织发展规模不同，人力资源部的工作量也不同。不同时期的组织，需要不同类型的人才。

要分析什么是人才，这个人才的潜能是什么，他将给组织带来什么。人力资源管理研究的就是人力资本的作用。人力资源管理如果不能做到为组织分析所需人才、所用人才，不能为组织储备人才，不知道人才的潜能是什么，不知道人力资本是什么，那么也就谈不上人力资源管理了。这项工作是复杂的系统工程，需要投入大量的人力和物力去运作。

这就首先要理解什么是人力资源管理，什么是人事管理。目前大部分组织将人力资源管理和人事管理混为一谈。人力资源管理不是人事管理，人事管理也不是人力资源管理，两者属于各不相同的职能部门。人力资源部是一个研究开发部门。人力资源部的职责是走在组织发展计划的前面，为组织下一阶段发展做好人才储备。如果组织需要人才时再现去招人，那只能称为人事管理，谈不上人力资源管理。所以说人力资源部是一个研究开发部门，人事部是一个行政管理部门，两个部门的职能是完全不同的。人力资源部的职责是把握组织下一阶段发展方向，研究组织下一阶段发展所需要的是什么样的人才，这些人才在哪里，如何将他们吸引到组织当中来。

（三）人力资本理论

人力资本理论的创始人是美国经济学家、1979 年的诺贝尔经济学奖得主舒尔茨。他的人力资本理论主要包括以下内容：人的知识和技能被认定为资本的一种形式，称为人力资本。具体概括为以下几个方面：教育投资、医疗保健投资、劳动力迁徙投资。人力资本存量，对劳动生产率的提高和经济的增长起着越来越重要的作用。他认为，人力资源是一切资源中最主要的资源。人力资本理论是经济学中的核心理论。教育投资应以市场供求关系为依据，以人力价格的浮动为衡量标准。这就是说，各个时期对教育投资的多寡，对各大学专业投资的多寡，都必须遵循市场经济的法则。人力资本理论的创立对人力资源的开发产生了十分重要的积极意义。人力资本理论的贡献不仅在于计算出教育中的经济价值，更重要的是开拓了人类的思维，通过人力投资进行人力资源开发将惠及各国。因为通过对人的开发，培养高素质劳动力，能使资源得到更充分有效的利用，能通过利用其他资源克服某些资源的稀缺问题，能加速科学技术的创新和扩散，相对地拓展资源的供给边界。人力资本理论使人看到，当代社会的经济增长已不再仅仅取决于物质资本生产力，还取决于人力资本生产力，这种共识促使人们越来越注重通过人力资本的投资来开发人力资源。

（四）人本管理理论

人本管理的核心即以人为核心的管理，它强调人在管理中的核心地位和作用，把人的因素放在首位。它要求管理者在一切管理活动中十分重视处理人与人之间的关系，充分调动人的主动性和创造性，把做好人的工作作为管理根本，使管理对象明确组织的整体目标、自己所担负的责任，自觉主动地为实现整体目标努力工作。美国斯奈尔教授根据成员对组织的价值高低以及劳动力市场上的稀缺性提出的人才分类模型，对团队成员的角色进行区分定位，进而使团队成员达到职能相对应。

人才分类模型中的核心人才和独特性人才指的是高校科研团队中的学术带头人和学术骨干，而管理、服务人员则归为辅助性人才和一般性人才，成员角色不同，职责、管理方法也不同。总的来说，人本管理理论就是通过以人为根本的管理，在管理中充分考虑人的价值和自由，考虑人的情感、心理和社会关系等需求，进而最大限度地发挥人的主动性和能动性。

二、人力资源配置理论

（一）人力资源配置及配置机制的内涵

人力资源配置既是人力资源管理的起点，又是人力资源管理的终点，任何一个组织人力资源管理工作者所追求的目标，都是使合适的人干合适的事，人事相配，做到人尽其能、能尽其用、用尽其事、事尽其效。

人力资源配置可以看作按照一定的需要和标准将劳动力资源分配到社会生产及其他经济活动中予以使用的动态过程和静态结果。其基本内涵是：在动态过程方面，人力资源配置是与人力资源开发和利用相联系的一个重要环节；在静态结果方面，人力资源配置是为了实现一定社会生产目的及满足其他经济活动需要而按照一定的需要和标准将劳动力资源调配的结果。

（二）人力资源配置的模式和层次

对于人力资源配置的模式和层次，厉以宁先生做了深入的论述。厉以宁先生认为资源配置方式包含宏观和微观两个层次的含义。宏观层次上的资源配置是指资源如何分配于不同部门、不同地区、不同生产单位，其合理性反映于如何使每一种资源能够有效地配置于最适宜的使用方面。微观层次上的资源配置是指在资源配置为既定的条件下，一个生产单位、一个部门、一个地区如何组织并利用这些资源，其合理性反映于如何有效地利用它们以达到最大的符合社会需求的产出。这种资源配置层次理论用到高校人力资源配置方面，表现为：人力资源在高等教育系统内的宏观配置为高层次配置，人力资源在个别高校内部的微观配置为低层次配置；通过技术措施或内部的管理措施来实现资源利用效率的提高可以达到低层次的人力资源配置，而通常要涉及人才流动和宏观调控手段运用的人力资源配置为较高层次的人力资源配置。

从宏观角度来说，人力资源配置的模式比较有代表性的主要有以下三种：

第一种是计划配置，也称行政强制性配置，即依据有关职能行政部门制订的计划，按一定的比例分配劳动者，将人力资源配置到各部门、各机构。

第二种是市场配置，即通过市场机制，通过报酬杠杆互相选择，调节人力资源供求关系，实现劳动者与组织的相关配合。

第三种是计划与市场相结合的综合型配置，它是一定计划机制条件下的市场配置，或一定市场机制条件下的计划配置。

这三种人力资源配置模式是人力资源的整体配置，解决的只是劳动者与组织之间的配合问题。

从微观角度来说，人力资源配置主要有如下三种模型：

第一种是人—岗关系型，主要是通过人力资源管理过程中的各个环节来保证组织内各部门各岗位的人力资源质量。它是根据员工与岗位的对应关系进行配置的一种形式。就组织内部来说，目前这种类型中的员工配置方式大体有招聘、轮换、试用、竞争上岗、末位淘汰、双向选择等。

第二种是移动配置型，通过人员上下左右岗位的移动来保证组织内的每个岗位人力资源的质量。这种配置的具体表现形式大致有三种：晋升、降职和调动。

第三种是流动配置型，通过人员相对组织的内外流动来保证组织内每个部门与岗位人力资源的质量。这种配置的具体形式有三种：安置、调整和辞退。

（三）高校教师人力资源及管理的概念

1.高校教师人力资源的概念

人力资本，是通过对人力的投资而形成的以人的高智能和高技能为基本存在形态的资本，表现为人的能力和素质。由于大学的功能是为社会培养和输送高素质的人才，那么，离开高素质的教师队伍，大学的这一功能就很难实现。

高校人力资源的范围较广泛，包括高校中从事教学、科研、管理和后勤服务等方面工作的教职工总体所具有的劳动能力的总和，而其中的主体是以其教学育人活动和科研创新活动所产生的重大社会价值为外显的教师。

高校教学科研人员在人力资源中属稀缺资源。在高校人员群体中，教学科研人员一般要经过长时间的锻炼成长，有一个不断学习与实践的过程，其中骨干人员往往需要更多的投入才能脱颖而出，之后便成为高校教学科研人员中的先锋，也成为全社会人力资源中争夺最激烈的部分。因此，高校必须早做筹谋，有目的、有计划地发现人才、培养人才、引进人才，在动态过程中形成相对稳定的骨干队伍。

2.高校教师人力资源管理的概念

傅冰钢指出，高校教师人力资源管理主要研究高校教师人力资源管理活动的内在联系和客观规律，包含两层意思：一是高校教师人力资源管理有独特的管理对象。其管理对象为高校教学活动中的教师以及教师与组织、环境、事、物的相互联系。高校教师人力资源既在开发中提高，又在利用中增值，这种提高与增值，一方面促进人力资源的进一步提高与增值，另一方面又对其他物力资源继续开发的广度和深度、效率与效果起着决定性作用。二是高校教师人力资源管理有其客观的发展规律。

3. 高校人力资源配置的概念

高校人力资源的优化配置以高校自身的办学定位和发展目标为中心，以精简高效的学校组织框架为基础，优化人力资源组合，以最大限度地发挥人力资源在人才培养和科学研究中的作用。

由此看出，高校人力资源配置主要是：以学校的办学方向和发展目标为中心，以精简高效为特征的学校组织机构为基础；在精简高效的组织框架里，根据组成人力资源的各个个体的长处和特点，合理组合和调配人力资源；在合理组合调配的基础上，最大限度地发挥人力资源的作用，最大限度地使用人力资源，充分调动每个自然人工作的积极性。

第四章 基于知识的高校师资管理体系及方法

第一节 建立适应现代师资管理的新模式

一、现代师资管理模式的构建原则

建立现代师资管理模式，除了必须从高校教师活动的一般特性出发外，还必须结合我国高等教育的特点，我国高校包含各种不同的类型，有重点大学、普通大学，有综合性大学、理工类院校、专科类学校。选择高校师资管理模式既要考虑到高校自身因素，又要考虑到外部环境，包括经济体制、劳动人事制度和区域文化环境因素等。

（一）师资管理模式的构建应遵循系统论的原则

1. 整合分性原则

整合分性原则是目标的分解和建立目标管理体系的基础，在进行管理模式构建时，首先应根据本单位实际情况和发展需要及各种内外条件确定管理系统总体目标，然后按照分合原则将总体目标分解成不同层次、不同部分的分目标，对应地将管理层次逐步分解，使得分目标与管理层次一一对应，形成前后衔接、上下连通的管理网络；同时在目标分解的基础上明确每一个部门、每一个管理层次甚至每一个人员的目标责任，并赋予相应的权力，建立起目标责任体系。

2. 相关性原则

相关性原则强调模式各要素和目标与条件之间的关系，强调模式结构合理与否，直接关系到整个系统能否正常运行。

3. 有序性原则

有序性原则的实现使管理模式从两个方向即时间和空间上实现有序化。

4. 动态性原则

动态性原则提示我们，由于目标管理模式的工作状态随着环境的改变而改变，因而必须加强科学预测，使对策措施与目标相适应。这样当环境条件变化时，既有适应变化的方案，又有临时应急的手段，从而提高模式的应变能力。

（二）师资管理模式的构建还应遵循市场规律的原则

1. 合理性原则

成功的市场经济模式经验已经证明，市场能够适应不断变化的社会经济条件而发挥优化资源配置的基础性作用。其中的人才市场就是运用市场机制来调节人才的供需关系，实现人才的合理配置。在人才资源是第一资源的思想指导下，人才资源的开发和利用，合理配置、任用教师，实现教师与生产力等其他要素的最佳结合，乃是高校师资管理工作必须坚持的首要原则。

2. 开放性原则

发达国家高校师资配置，均把国内人才市场与国外人才市场联结起来，以达到更合理地配置国内师资资源和利用国外资源的目的。学习、借鉴、合作和利用发达国家师资管理创造的文明成果，结合实践进行新的创造，才能赢得时间，加快建构具有中国特色的高校师资管理模式。

3. 竞争性原则

成功的市场经济模式下的高校师资管理活动，由于宏观上提供了良好的环境条件，竞争机制已经融入其中。通过自主公开招聘，应聘竞争考试、建立师资流动层、定期考核聘用与晋升、"非升即走"、英才超常使用等管理行为，组织开展公平竞争，选优汰次，促进师资资源的优化配置，通过制定有关的师资管理法规，来规范教师的竞争行为，开展有效竞争，增强活力，组建高质量的师资队伍。

4. 渐进性原则

西方发达国家的师资管理经验经历了数百年的积累和完善，我国建立成熟的市场经济制度也经历了一个长期的、艰难的发展过程。我国高校师资管理模式是在宏观条件逐步成熟的情况下构建的，特别是在我国刚刚进入高等教育大众化的背景下，高校师资管理工作是一个不断实践、不断完善的长期建设过程，试图很快解决管理模式问题是不现实的。

5. 效益性原则

成功市场经济模式下的师资管理活动，十分注重提高师资的利用效益。选聘一流师资，构建结构合理且具有竞争力的师资队伍，以合理的生师比、灵活的专兼职教师制度和高效精干的管理人员等管理组织形式和管理行为，培养高质量的适应社会需要的各种专门人才，创造高新科学技术成果，这样的高校才能具有良好的经济效益和社会效益。

二、建立现代师资管理模式的基本内容

（一）编制教师资源规划

教师资源规划的内容包括对教师资源现状做出评估，依据学校的发展战略、目标和任务并应用现代规划方法对未来教师资源供给和需求的各种指标做出预测，再把学校教师资源需求的预测数与在同期内学校本身仍可供给的教师资源数进行对比分析，测算出对各类人员的所需数量，从而制定平衡人力资源供给和需求的方针政策和具体措施，如补充、调整人员和减员等各种方案。

（二）实施岗位职务分析

职务分析是收集所有与工作有关的重要信息，并对某一特定职位、任务、职责以及完成此项工作所必须具备的知识、技能加以详细说明，即制定职务说明书与职务规范的系统方法。学校人事部门要采用观察、问卷调查、谈话、讨论等方法，对从调查职务信息、分析书面材料和各部门负责人及实际担任工作者讨论中获得的信息进行分析、归类，写出综合性的职务说明和职务规范，并召集整个调查中所涉及的部门负责人及任职人员，讨论制定的职务说明及职务规范是否完整、准确，最后根据讨论结果确定出一份详细的、准确的职务说明和职务规范。

（三）有效配置各种人员

高校的人力资源主要由三支队伍或四支队伍组成，教学科研人员（包括实验辅助人员）、党政管理人员、后勤服务人员，20世纪90年代以来又衍生出一批校办产业人员。高校承担的教学、科研、社会服务三大职能决定了高校以教学科研人员和中高层次管理人员为办学主体。高校人力资源管理就是要根据高校办学目标对学校的三支（四支）队伍进行合理布局，大力充实教学科研人员，精简党政管理人员，大幅度压缩学校非教学性经费支出，对后勤服务人员和校办产业人员实行企业化管理，切实改变一方面人才紧缺，一方面人浮于事，人员结构严重失衡，人力资源利用率低下的现状。高校人力资源管理要围绕学校的办学目标，合理规划、配备各方面的人力、人才，正确处理好部分与整体的关系，针对各类人员的特点予以管理，通过多种手段

的有效配合，实现系统内部各要素之间的整合，真正做到人尽其才、才尽其用，事得其人、人适其事，把人力资源的潜能转化为高校的整体财富。

（四）实行人本管理

所谓人本管理即在管理过程中以人为本。人力资源有别于物力资源，具有生产者和消费者双重属性，其作为消费者如不能得到充分重视和关心，势必影响其作为生产者的一面。这就涉及一个劳动报酬问题。如何按照"效率优先、兼顾公平"的原则，改革原有的分配制度，以岗定薪，按劳取酬，以岗位、业绩津贴为主要内容，建立重实绩、重贡献，向高层次人才和重点岗位倾斜的分配激励机制，则是一个重要问题。

另外，高校人力资源不仅具有经济人的一面，还具有社会人的一面。尤其是就高校教师的个人需求整体而言，重精神超过重物质。人本管理与单纯的文件管理、制度管理不同，它充分尊重教师的个人尊严、自我价值和个人需要，充分关心教师的教学工作、科研工作以及个人的生活需求，对人才的任用不拘一格，扬长避短，宽容多样。多了解和听取教师的意见，公开和教师分享学校重要的信息。高校教师在时间和意志上都享有相对企业和机关人员更大的自由，对这一教学科研群体的管理更不能千篇一律、简单划一，应注意对人力资源的开发和利用与投入和培育相结合，报酬福利的投入与精神情感的投入相结合，只有这样，才能有效地调动教师的积极性，充分利用高校的人力资源。

（五）建立有效激励机制

工作动机是行为和积极性产生的内在驱动力和直接原因，只有千方百计地激发起教师的工作动机，才能使他们在自我激励、自我评价和充满自信的环境中，把极大的劳动热情投入工作之中，并将自己的行为最大限度地纳入学校所期望的轨道，充分调动和维持他们工作的积极性和创造性，发挥潜在能力。激发工作动机是现代人力资源管理的基本职能之一，所以，高校人力资源部门必须想方设法对调动工作动机的心理过程加以考虑、设计和实施，广泛采用经济、信任、职务、知识、情感、目标、荣誉和行为等激励方法，以激发教师的工作动机，提高工作效率。

人力资源管理的核心是保持和激励员工的积极性与创造性，有效地实现组织目标和员工工作的满足感。拥有人才是前提，但要使人才最大限度地发挥作用，最大限度地调动他们的工作积极性，更是高校师资管理工作中最应关注的问题之一。这既是提高教学、科研质量的迫切需要，也是教师本身发展的需要。实践告诉我们，如果不从理论上探讨调动教师工作积极性的规律，不从宏观与微观的结合上促进激励机制的健全与完善，教师的工作积极性就不可能得到很好的发挥，学校的教育管理和科研水平就不能提高。

第二节　高校师资管理的目标、途径及方法

一、高校师资队伍管理的目标

（一）以建设一流师资队伍为关键目标

高校是培养高级专门人才的学府，教师队伍是高校教学、科研活动的主体，要办好高校就必须依靠广大教师开展教学、科研工作来实现。因此，在高等教育中，首要的条件是必须建立一支高水平、高质量的教师队伍。因为教师的工作直接关系到教育目标的实现，也直接关系到教育任务的落实，教师的知识传播是学生智育能力形成的主要渠道，它的作用超过了其他任何形式的教育，教师在思想品德、工作作风、认识问题、分析问题能力等方面直接感染着学生，塑造着学生，对学生人生价值观和世界观的形成有着特殊的影响。教师的知识创新能力关系到创新人才培养的质量和国家的科技竞争力。

一流师资队伍是培养一流人才的根本保证，在高校的建设与管理工作中，必须以建设一流师资队伍为关键目标。尤其是重点大学，应形成一流的学术梯队、集聚一流的科研力量。

国内外一流大学的形成和发展史表明，师资是高校最重要的办学资源，是其一流地位赖以建立、维持、巩固的基础和关键。师资水平在很大程度上反映了学校的水平，只有建设一流水平的师资队伍才能建设高水平的大学。因此，国内外有远见的教育家和世界一流大学都把建设一流的师资队伍作为办学的第一要务。

（二）以造就一流大师为师资队伍建设的必要目标

一支没有一流的大师级的优秀教师的队伍，就称不上一流的教师队伍。因此，高校在师资队伍建设上，必须以培养、造就或聘请一流的大师级优秀人才充当带头人作为师资队伍建设的必要目标。

（三）以形成合理的师资结构为重要目标

高校师资队伍的职称结构、学历结构、年龄结构、学缘结构和知识结构是否合理，不仅直接影响高等教育的教学质量和水平，而且影响高等教育的长远发展。

师资结构合理与否影响着高校师资队伍建设的水平。因此，高校应认真制定师资结构目标，建立与保持一支最佳结构状态和充满内在活力的高水平专兼职教师队伍，对教师队伍的学历、职称、学缘、年龄、知识与能级等结构进行适时的、必要的调整，不断加强和改善对大学人力资源的科学化管理，建设一支数量适当、结构合理、业务精良、高效精干的教师队伍。

以上三个目标系统地构成了师资队伍建设的总目标，即高校的师资队伍应当建设成一个以优秀的一流大师作为学术带头人，学历、职称、学缘、年龄和学科专业知识结构合理的，整体素质优秀的一流师资队伍。

二、高校师资队伍管理的途径

（一）建立培养、造就、吸引优秀教师的正确途径

优秀教师是高校的"根"和"本"，高校必须高度重视教师队伍建设，建立一条或多条培养、造就和吸引优秀教师的正确途径。然而，大量培养、发现、选拔、造就和吸引优秀教师不能单纯靠少数伯乐慧眼识人才的传统方式，而要靠制度、靠机制，伯乐相马总不如草原赛马，因此，要有一系列集体培养人才、公平竞争淘汰和择优选优用优的制度。高校应采取超常规办法，制定吸引优秀人才的政策，建立一条或多条吸引优秀人才的绿色通道，面向国内外多方吸纳优秀教师。同时必须与考核评价相结合，必须与本校的学科建设和专业建设相结合，避免人才闲置和人才资源浪费。各高校尽可能从其他高校，尤其是其他重点高校选拔优秀研究生以充实教师队伍。青年教师上岗前要进行真正意义上的严格的岗前培训，上岗后要进行岗位练兵、在岗进修、轮岗全职学习等继续培养工作，要通过严格的考核、选拔，从中发现和培养、造就一批优秀教师。同时也要对教师规定职务岗位年限，在相应的职务岗位上超过一定的工作年限非升即走，以此来规避平庸。

（二）建立人才合理流动和教育资源重组的新渠道

各高校在对骨干教师采取稳定措施的同时，应建立一条或多条有利于人才合理流动和教育资源重组的新渠道，使高校教师能进能出，有进有出，合理流动。

实行聘任制是任用教师、管理教师的一种有效手段和形式，是高校人才流动的基础和前提。高校应从实际出发，根据学科建设以及教学、科研任务的需要，科学合理地设置教学、科研、管理等各级各类岗位，明确岗位职责、任职条件、权利义务和聘任期限，按照规定程序对各级各类岗位实行公开招

聘、平等竞争和择优聘用。通过签订聘用（聘任）合同，确立受法保护的人事关系。招聘范围要有国际视野，除聘用本校教师外，还可以通过研究生兼任助教，返聘高级专家学者以及面向国内外高校、企业和科研机构等社会部门招聘优秀人才担任专职或兼职教师等途径，拓宽教师来源渠道，实行开放式的教师管理办法。全面真正地实行聘任制，还有赖于对教师职务晋升办法的彻底改革。

三、高校师资队伍管理的方法

（一）优化师资队伍结构、提高队伍整体素质的系统方法

在知识经济时代，知识更新速度显著加快，每位教师都面临着知识更新和不断提高知识水平的问题。教师素质和水平提高的问题需要有好的途径，更需要有好的方法。据中央教科所的一项调查显示，在我国目前的高校教师中，有 75% 的教师都面临知识更新和水平提高问题。因此说，我国高校教师队伍建设既有结构调整和优化问题，又有整体素质与水平提高的问题。二者互相关联，相互影响，师资队伍结构的调整要在提高整体素质的同时进行，整体素质的真正提高有赖于队伍结构的优化。因为，师资队伍水平提高是一个全方位的要求，既包括青年教师水平的提高，又包括中老年专家、教授水平的提高；既包括教学水平的提高，又包括科研水平的提高；既包括知识更新速度的提高，又包括创造能力和创新水平的提高。

师资水平提高的主要方法有脱产进修提高法、进站（博士后流动站）工作提高法、在职自修提高法、国外留学访问提高法、社会实践提高法、实验室工作提高法、科研工作提高法、学术会议和学术交流提高法等。教师整体素质的提高应该是系统方法的综合运用，而不能仅仅依赖一两种方法。

以信息技术为背景的现代教育技术改变了教育的组织形式和方法，也改变了学生的学习方式与方法，使获取信息的渠道多元化。在这样的条件下，高校教师必须实现工作角色的转变与素质的系统提高。首先，要由教学型教师向研究型教师转变。在现代教育技术条件下，教师必须不断学习、研究和应用现代技术。其次，要由信息资源的利用者向课程信息的设计者和开发者转变。教师不仅要传达普通教材上的知识信息，而且要学习和掌握多媒体技术和网络技术，为学生自主学习设计开发各种教学课件。最后，要由教学者向学者和学习者转变。教师只有先做学习者，不断地更新知识、观念和提高职业道德修养，以学习者的态度不断丰富自己，才能使自己具有知识渊博的学者风范，也才可能成为具有创造性、开拓性和较高研究能力的教学者。

（二）引进师资队伍管理的先进理念与现代方法

我国高校目前的师资管理水平还较低，从管理观念到管理方法都还比较落后。因此，应更新观念，树立"以教师为本，以专家教授为本中之本"的新理念，引进现代师资管理的科学理念与现代方法。变教师管理为知识管理，变人事管理为岗位管理，变档案管理为信息管理，变管理为建设，变控制为服务。同时，还要把国外现代企业制度中先进的人力资源管理的方法引进来，从考核、评聘到学术梯队建设与管理全部实行动态的信息化的科学的管理方法。改革和完善各种管理制度，使师资管理减少随意性。通过管理和服务，激励青年教师岗位成才，提高师资的整体素质与水平。

高校办学的根本目的是培养高素质创造型人才，而培养高素质创造型人才又要依靠学术精湛、治学严谨的优秀教师。在所有的教育资源中，优秀教师是最重要的资源。原清华大学校长梅贻琦有一句名言："所谓大学者，非谓有大楼之谓也，有大师之谓也。"以教师为本，本立而道生。高校教育、科研体制的改革，人事管理制度的改革，必须有利于高素质创造型优秀人才的培养，有利于学科建设，有利于学科的交叉、融合、渗透和新兴学科的生长与发展，有利于科学技术的发展和学术水平、创造能力的不断提高，有利于学校资源的优化配置。总之，以教师为本，就是要充分调动和发挥全体教师的积极性，激发他们的创造性，为学校的改革、发展和提高做出贡献。

第三节 基于知识的高校师资管理新方法

一、知识输入管理

高校师资队伍要进行持续的知识更新，就需要进行知识输入管理。知识输入管理涉及如下方面：

（一）知识输入的目的

知识输入的目的是提高教师群体素质，促进师资队伍的知识更新。在大众化教育背景下，高校师资队伍本身是施教者的主体，在当今知识社会中应该具有足够的知识，而且能够及时更新知识，否则将丧失施教者的作用，被淘汰出局。

知识输入管理的途径包括：第一，图书馆是收藏人类知识遗产的场所，是展示最新知识成果的场所，也是进行教师知识管理的重要场所；第二，信息技术的飞速发展，信息高速公路的建立，使教师的知识储备和学习变得更为便捷、迅速；第三，各种形式的培训、学习和教师对自身教学实践的反思；第四，同事间的交流学习。

（二）知识输入的内容与方法

输入高校师资队伍中的知识既包括隐性知识，又包括显性知识。

隐性知识输入的主要形式是引进人才。按照本单位学科布局和用人计划引进各层次人才，这些人才本身所具有的隐性知识自然就输入了高校师资队伍。隐性知识的引入，一方面要考虑各个学科的发展布局，另一方面必须考虑隐性知识本身的特点。隐性知识主要体现为无法明示化的个人所拥有的知识，具有不同隐性知识的人具有不同的能力，如科研能力、创新能力、分析能力、组织能力、解决问题能力、发现问题能力、实际动手能力等。因此，在引进人才时也需要把这些内容考虑进去，并且要尽量引进具有不同能力的人才，各种能力人才合理布局，不能只引进一种或少量几种能力的人才。

隐性知识输入的另一种形式就是开拓外部知识库，高校可以通过各种合作形式访问外部知识库，如将现有教师派到其他教学、科研单位进行交流访问或进修培训，或者邀请一些专家学者来本校交流访问、讲学或合作研究，增加教师的知识积累，提高教师的知识学习和更新能力。其中反思性学习是提高教师实践知识的重要方法，教师可以通过记反思笔记的形式，记录自己的教学心得和感悟，将教学实践与教学理论相互印证。反省实践与理论的差距或不一致的地方，或者对特定教育事件的处理做事后分析，不断提高自己的理论水平，借以发展更高层次的个人实践知识。

隐性知识输入的第三种形式是建立教师之间的协作学习机制，通过小组或团队的形式组织教师学习，在讨论、交流与协作的基础上，就某些教学事件进行共同探讨，以交流和共享彼此的观点和知识的共同性学习。这一方法对于扩大教师的知识面，提供教师对教育事件的相互交流和启发，以提高和分享对实践性知识的认识和理解都具有重要的意义。教师知识管理应注重建立协作学习的机制，以促使教师间的互相学习，不断提高教师的实践知识水平，以达到促进教师专业发展和不断提高学校教学质量的目的。

显性知识的输入可以脱离人进行。一是学校图书馆应该订购一些新的期刊、报纸和图书等。二是对学校现有的图书资料进行分类整理，教师个人也可以建立个人图书档案。利用自己喜欢的信息分类方法对自己的图书资料进行分类整理，以提高使用效率。三是建立教师个人的电子储存文件系统。教师个人可以利用计算机对自己搜集到的零散的资料信息进行整理归类，分期分批地存放，建立自己的个人知识管理系统，便于及时查找使用。

二、知识传播管理

（一）知识传播的主体

高校师资队伍是知识传播的主体，这个主体应该满足如下条件才能够更好地进行知识传播：

1.数量上应该达到一定要求

主要考虑生师比指标，大众化教育下的生师比应该比精英教育下的大很多。如果生师比过大，则很难保证教学质量，很多学生就会得不到很好的指导，无法获得应该得到的隐性知识和显性知识。

2.质量上应该达到要求

高校教师应该具备基本的教师素质，才能教书育人。教师素质的提高主要包括两大方面：一是招聘教师时尽量选择素质高的人员；二是对在编教师进行在职培训。教师素质的高低决定着学生水平的高低，俗语讲"名师出高徒"，要想培养出高水平的人才，首先要提高教师的素质。

3.教师结构布局应该合理

高校教师的结构布局非常重要，应该合理布局。主要包括如下几个方面：

①学科分布合理。学校所有的专业都有适量的教师，不存在有专业无教师的情况。

②职称结构合理。每个教研室都有比例适当的高级、中级、初级教师，分别承担不同的教学科研任务。

③年龄分布合理。不同年龄阶段的教师具有不同的特点，合理的团队建设应该每个年龄段都有一定数量的教师。

④能力结构合理。教师个人的特长与特点不同，有的善于教学，有的善于科研，不同能力的教师都应该具备，然后按照"用其长、避其短"的原则合理分工。

4.专职和兼职相结合

高校师资队伍一方面要保持一定的专职教师，这部分人员终身属于本单位。本单位对这部分人员要进行大力培养。这部分人员是本校的中坚力量。另一方面，高校师资队伍中还应该有一定数量的兼职教师，这是大众化教育下满足教师数量要求的通常做法。招聘部分兼职教师可以增加本校教师的数量，但不会过大增加学校的运营成本。另外，兼职教师往往带来一些本校教师没有的新的知识或特征，便于提高专职教师的素质。兼职制度的存在也会促使专职教师更努力地工作，努力提高自身素质。本校保持稳定的核心师资队伍是必要的，这部分教师才是本校的核心竞争力、本校的特殊之处。流动的师资队伍也是必要的，只有这样才能形成一种开放的大众化教学环境，增加本校与外界的联系，使本校这个知识泵在整个知识网络中与其他知识泵的联系更加广泛。

（二）知识传播的内容

高校中传播的知识主要是本学校所设置的各项课程，不同专业的具体课程内容也不同，这些知识主要属于显性知识。另外导师传播给研究生的知识还有隐性知识。要对知识传播的内容进行管理，主要应该考虑每个专业课程设置得是否合理，是否覆盖了这个专业所需要的基本的教学目标，所使用的教材是否最新，是否包括了最新的知识，各类知识间是否具备一定的联系，是否成体系。

在管理隐性知识的传播时，应该考虑学生与导师间的研讨时间、共同做项目时间、论文写作指导时间等。只有通过实际接触，才能够进行最有效的隐性知识的传播。

（三）知识传播的对象

高校知识传播的对象主要是各类接受高等教育的学生，包括成人、专科生、本科生、硕士生和博士生。加强对各类学生的管理，就能够很好地完成知识传播的任务。应该根据不同类型学生的特点进行管理。主要应该考虑学生如何能够更好地学习知识。本科生、成人、专科生教育主要是使其掌握必要的专业知识，所以以显性知识教育为主，主要学习各类课程。针对这部分学生，应该主要从课程上进行管理，包括选学课程数量、考试成绩、上课次数等。硕士生和博士生教育主要是培养学生发现问题、分析问题和解决问题的能力，所以应该以隐性知识教育为主。除了指定的一些专业课程外，学生自己还要广泛地进行阅读和自学许多其他知识，这个过程就是培养学生自己的能力，形成他自己的隐性知识的过程。

（四）知识传播的途径

知识从高校师资队伍这个主体传播到各类学生这个对象需要经过一定的途径。要管理好知识的传播需要拓宽途径，并且要保证这些途径顺畅。主要的途径有两大类型：一是课堂教学；二是科学研究。要保证这两大途径顺畅才能够更好地进行知识传播。保障课堂教学顺畅主要应该考虑教室安排、时间安排以及其他条件的提供。保障科学研究的顺畅主要应该考虑科研环境、条件的提供。另外，要拓宽知识传播的途径，针对显性知识，可以考虑多安排一些学术讲座、学术活动。针对隐性知识，可以考虑安排一些研究生和导师共同参加的活动，增加彼此之间的交流机会。

在大众化教育环境下，可以充分利用现代信息网络技术，采取网络化教学。通过网络传播知识是一种新的知识传播途径，但是这种方式主要传播的是显性知识，并且师生的活动教学很难实现。但是网络教学极大地扩展了知识传播的范围，适合大众化教育。

三、知识创新管理

（一）知识创新的主体

高校师资队伍是知识创新的主体，要实现知识创新，高校师资队伍应该满足如下要求：

1. 保持一个稳定的科研团队。稳定的科研团队持续地在一个研究方向上进行科学研究，往往能够产生一系列有价值的新知识。流动的科研团队缺少知识积累，很难产生新知识。

2. 保持一个开放的科研团队。开放的科研团队能够接受新思想、新事物、新观念，这样才有可能产生新知识。封闭的科研团队无法接受新思想、新事物和新观念，所以也很难产生新知识。

3. 保持一个融洽的科研团队。融洽的科研团队中各个成员能够很好地配合工作，大家集思广益，相互促进，共同进行科学研究工作，这样才能增大知识创新的可能性。工作在一个关系融洽的工作环境中，人的心情舒畅，容易产生灵感，不会增加过多的不必要的麻烦。

4. 保持一个交流的科研团队。交流的科研团队中成员彼此之间有很好的学术沟通，大家经常一起讨论问题，共享自己的想法，给别人提出意见。实质性的交流增大了创新知识的可能。一个人的思想有时会局限在一定的范围内，往往在与别人进行谈论时受到启发，适当的交流能够促使新思想的产生，促使新知识的产生。

（二）知识创新的范围

高校师资队伍能够在很多方面进行知识创新。

1. 从学科领域来看，最容易有创新的领域是各个学科前沿的研究领域。传统的成熟的学科理论很难有新知识产生，但是也有可能在应用层取得创新。

2. 不同学科交叉领域容易有新知识产生。传统学科发展到一定程度，已经很成熟。不同学科的研究问题、解决问题的思路、方法不同，在学科交叉部分能够应用两个学科的思想和方法，往往能够产生新的思想、新的知识。

3. 知识创新的结果在显性知识方面体现在发表的各种学术观点、理论和方法等上，这些创新成果可以显性化。在隐性知识方面体现在优秀人才的培养上，新的专家、学者的出现表明一定的特殊的隐性知识的产生。

4. 知识创新包括各种层次的知识创新。理论、方法、技术和应用层都会产生新的知识。

（三）增强自主创新能力

加强高校师资队伍知识创新管理，必须增强自主创新能力。增强自主创新能力是一项系统工程，应把原始创新、系统集成和引进消化吸收再创新结合起来。

1. 改革高校科研体制

将高等学校及科学院系统的一部分科研机构，尤其是应用性强的科研所（室）搬到企业中去，或者与企业联合办科研所（室）。只有从体制改革着手，才能解决高校科研所（室）与企业、与市场脱节的问题。从发达国家的经验来看，实施"技术企业化、企业技术化"是推动经济发展、技术进步的捷径。如果把高校的科研机构融合于企业之中，以企业为主体，以市场为导向，以提高企业自主创新能力为目标，既能充分调动高校科研力量，又能推动企业自主创新。

2. 以人为本，创建特色鲜明的专业培养计划与课程体系

提高国家自主创新能力，有赖于大批创新拔尖人才。高校是培养人才的摇篮，要努力提高学生的创新精神和实践能力，为此，要把校内培养与校外培养相结合，要秉承因材施教的原则，因人而异地制订教学计划、培养计划，让学生有学习的选择权。对尖子生要配备导师，个别指导并创造条件促进他们更快更好地成长。大学教育不能在育分上下功夫，而要在育能上下功夫，要着力培养学生的学习能力、思维能力、创新能力。高校不应把学生关在课堂上、校园里培养，要积极探索和实施高校与企业、与社会联合培养大学生的模式。如引导、组织学生走向社会、走向企业，到社会、到企业中接触实践、接触课题。高年级学生、研究生应参加教师承担的课题或独立承担科研项目、攻关项目。我国每年有几百万大学生、几十万研究生要做毕业设计、毕业论文，但大多数内容空泛，脱离实际，应让他们到企业中、到实践中去选题，既发挥集体智慧在科技攻关、自主创新中的作用，又能从中得到锻炼，增强创新意识。大学生"挑战杯"即全国大学生课外学术科技作品竞赛，是培养创新人才的好途径。其特点是每个课题都来自实践，都是为了解决实际问题，应推广开来，在实践中提高他们的创新能力又能为自主创新做出贡献。

3.改革高校教师考核评价制度

一些现行的高校考核评价制度不利于提高自主创新能力，上级机构评价学校主要看学术论文，学校评价教师也主要看学术论文，同样，许多学校也把教师的科研项目按国家级、省部级折算成分数，把教师发表的论文按不同刊物折算成分数，并规定出总分最低线，不达标则不能继续聘任。因此有些教师完成了一项科研成果后，最关心鉴定的结论，最关心论文发表，而不太关心成果的转化和开发。为此必须改变对高校、对教师的考核评价制度。高校教师中有的擅长教学，有的擅长科研，有的擅长开发，三者兼有、二者兼有的教师也大有人在，但多数教师侧重面不同。因此，对教师的评价、职称评定的标准应多元化，任何一方面成绩突出的都可评高级职称。尤其要鼓励教师到企业、到市场去选择科研课题、技术改造项目，鼓励教师把科研成果延续下去，转化为产品、产业，把专利实施下去，转化为产品和产业。不要把论文数作为唯一标准，而要把经济效益、创新能力作为重要的评价标准。有些重大课题重大攻关项目，科技开发项目并非在短期内能够完成，因此不能要求这些教师每年拿项目每年出成果、出论文，相反，应从物质上、精神上鼓励他们坚持下去，不要急功近利，急于求成，这就必须制定新的教师考核评价制度。

4.创新师资队伍培养机制

建立一支高水平的教师队伍和高水平的学术创新团队，是提高创新能力的关键。高水平的师资队伍能为创新能力的提高提供强有力的人才支撑。当今世界，科学技术是综合国力竞争的决定性因素，自主创新是支撑一个国家崛起的筋骨。科技的灵魂在创新，科技的活力在改革，科技的根本在人才。要大力培养和积极引进人才，做到人才辈出。引进优秀人才，特别重视从海外引进团队。重视学校现有人才的培养，特别重视培养中青年学术骨干。

学校应建立长期稳定的人才培养机制，并努力为他们提供一个适宜的成长环境；强调尊重人才，人才自重，提倡竞争、和谐、有序、协作的学术氛围。

（四）知识创新在高校团队建设上的实践

为了出色地完成高等教育所肩负的重大历史使命，高等学校必须尽快培养和造就一批创新团队。通过创新团队的建设，高等学校可以在学科建设、教学科研工作中组织起团结协作、创新能力强、学术水平高的科研突击队和教学团队，从而承担国家级重大科研项目，做出创新性的科研成果和出版高质量的教材，培养教师之间团结合作、奋发向上的优良校风，凝聚队伍，培养一批有影响力的中青年学科带头人，使创新团队成为学校学科的支撑，成为重大项目的主要承担者、学术研究和科研成果的摇篮、培养人才的基地以及科研基地的使用者和建设者。重视团队建设是进一步加强教师队伍建设、提高教学质量和研究水平的新举措。

通过若干年的建设，重点高校都形成了一大批可以承担重大科研项目、能做出标志性成果的创新协作团队，同时培养出了一批杰出的学术带头人和学术骨干，一定数量的具有国际水平的学科带头人和学术大师。

1. 建立以绩效考核为核心的分配机制和以合同管理为特征的团队聘用机制。全面推行"以岗定薪、优劳优酬"的分配制度，对学科带头人实行在工资、津贴、奖励和福利待遇方面具有激励性的分配制度，积极探索来华工作和回国定居的专家的工资福利与社会保障制度，探索推动年薪制、协商工资制等多种工资制度；在"效益优先，兼顾公平；淡化身份，动态管理；支持创新，鼓励冒尖"的原则基础上，逐步建立适应团队建设和发展的"基本工资＋岗位和任务津贴＋业绩和贡献奖励"基本模式，以公平与效率相结合的工资福利分配机制，充分调动团队中每个成员的工作积极性、主动性和创造性。

为了始终保持团队的生机活力，促进竞争、激励和流动，应当建立和不断完善科学合理的符合创新团队特点的教学科研综合考核评价体系，要由关注过程管理向重视目标管理转变，将频繁的注重量的考核向以质量评价为核心的聘期考核转变，将对包含学科带头人在内的个体的考核向团队整体效益和成果的考核转变；考核期限、方式和指标应当有利于具有原创性的高质量、高水平的学术成果和高新技术产生，要关注团队所探索出的学科新方向、所建立的具有创新意识和水平的学科队伍，要重视原创性成果以及所解决的基础理论和国民经济重大问题，应当注重建立一个宽松的环境和宽容的体制以保护创新。

2. 探索一条有利于团队建设和发展的人事管理和资源及信息共享机制，鼓励和支持建立相关特区，赋予学科带头人（或其群体）在经费使用、人员聘用和聘任、薪酬确定等方面的自主权，克服现有校院系管理组织的弊端，打破影响组织团队的壁垒。现行的高校内部管理形态存在着影响团队建设的因素，要根据提出和承担重大科研项目、产生科技成果的需要，打破人才的单位所有制，淡化人才的行政隶属关系，反对学术机构行政化的做法，改变将人才固定到特定机构的做法，使学校内部的人力资源能够根据学科带头人组建团队的需要自由流动。鼓励高校按照培养优秀学科带头人、组织团队的需要积极推行内部组织形态的改革，通过系统的改革和资源的配置，催生一批跨学科、具有很强活力的学术团队。反对狭隘地理解学科建设的意义，拓宽学科建设的内涵，要将组织学术团队作为学科建设的最重要的内容和组织形态。鼓励团队自我发展，不断创新，创造一个开放的、民主的、自由的、高效的、灵活的团队自我管理体制，充分发挥团队的积极性和创造性，减少行政干预和不必要的行政管理。

3. 建立创新团队的示范性工程，鼓励学校根据各自的情况在可能取得重要突破的方向配置资源，建设若干创新团队。教育部在若干涉及国民经济发展的领域，涉及重要基础理论、重大工程的领域，根据高校的团队建设情况，选拔具有较强组织程度、提出并申请重要研究项目的团队，在人员经费方面给予必要的支持。重点资助知识结构合理、跨学科、以特聘教授为首的学术团队。高校要根据自身的优势和特色，在可能取得重大突破的方向，积极组织队伍，重点配置资源，努力形成若干具有承担重大课题研究能力、可能产生具有较大影响力成果、能够产生新的学科增长点、为基础理论和国民经济建设主战场解决重大问题的团队，并通过团队的建设培养一批具有优良学风、学术影响广泛和组织能力优秀的学科带头人和一大批学术骨干。

4. 创新团队是基础重大科学问题研究和面向应用的急需解决的重大技术问题研究的突击队，是创新性成果的源泉，是高层次人才培养的基地，是新兴交叉学科的生长点。创新团队要聚集一批优秀的科技人才，努力营造学术讨论热烈充分、观点见解激烈交锋、创新人才相互学习、激发创造力和攻关力的良好"生态环境"。创新团队应当有明确的专业特长和学科带头人，并拥有数名教育背景、工作经历和研究领域各异的主要研究骨干。

创新团队的模式应当是宽泛和多层次的，既有在实践中自然产生的在纵向领域不断扩展或深入的团队，又有应前沿科学研究需要而产生的通过重新组合相互协作的在横向的跨学科的新兴领域开拓的团队；既可能是"学术带头人＋团队"，又可能是"若干学科带头人＋若干小团队"的组织模式。

四、知识输出管理

高校师资队伍进行知识学习和生产的最终目的是知识输出，只有将知识输出到社会才能实现高校的社会功能。对知识输出进行管理需要考虑如下两个方面要素：

（一）知识输出的目的

高校师资队伍知识输出具有两大目的：第一，把高校师资队伍掌握的知识输出到社会，实现高校知识传播的社会功能；第二，将师资队伍产生的新知识进一步转化为社会生产力，实现新知识的价值，为社会做出直接的经济贡献。

（二）知识输出的内容与方法

高校师资队伍知识输出的内容主要包括如下两大方面：一方面是将知识输出给不同专业的学生，当学生毕业到社会参加工作后就把知识进一步输出到社会。这方面内容与高校师资队伍的知识传播部分内容相似。这种知识输出是以人为载体进行的。因此，加强学生的校内学习，做好毕业学生的就业安置工作能够保证知识输出。

另一方面是将知识转化为社会生产力，实现知识的经济效益。高校管理的主要工作是建立产学研结合机制，促进新知识（主要是各种专利）的产业化。这方面的知识输出以新知识本身为对象，以产业化为目的，关注的是如何实现知识的价值。只有高校是无法完成这项任务的，所以需要构建产学研结合的机制，与其他公司团体合作分工完成。如在高校与企业联合建立高科技研究院，双方本着互惠互利、优势互补、共同发展的原则，采用全新的校企合作模式，企业的研发机构入驻校园，在高校建立"研究特区"，双方优势互补，强强联合，从而增强企业自主研发能力，提高企业技术创新能力和企业核心竞争力。

五、自学习管理

高校师资队伍必须建立起自学习的机制。作为一个社会组织，要想能够良性发展，必须具有自学习能力。

（一）自学习的定义

从前面的论述能够看出高校师资队伍的自学习包括四部分的内容：内部显性知识输出、内部隐性知识输出、内部显性知识输入和内部隐性知识输入。这里的知识输入与输出都是在内部进行的，对于高校师资队伍这个对象来说是自身的同一个活动，因此，我们把这些活动统称为"自学习"。把学习的含义进一步扩展，可以认为高校师资队伍这个群体自身形成的学习机制叫作自学习。这里研究的自学习管理主要针对狭义的概念。

（二）自学习的重要性

高校师资队伍作为一个知识源，必须具备自学习的能力，形成一种核心能力。高校本身要想具有自己的特点，就必须有这个核心的能力。自学习的机制建立起来后，如果运行良好，将会吸引很多高等人才加入，进一步推进整个师资队伍素质的提高，形成良性循环。如果没有建立起自学习机制，高校师资队伍只是形成一个松散的教师集合，本身没有知识增值，不能形成知识凝聚力，很难吸引人才，也很难留住有才华的教师。

（三）自学习的内容

高校师资队伍自学习的内容很多，主要可以从如下几方面考虑：

1. 自学习的知识不仅有显性知识，还有隐性知识。高校师资队伍产生的显性知识，可以以各种形式在内部传播，比如讲座、培训等。另外，难以显性化的，主要存在于教师个人本身的隐性知识是很难进行传播的，只有通过长期的言传身教，才可以实现部分隐性知识在少数人之间进行传播。因此，在一个高校师资队伍中，大家工作、生活接触比较频繁，有很好的机会进行隐性知识的学习。

2. 自学习的知识包括很多学科领域，只要是本高校师资队伍掌握的知识都可以进行内部培训、学习。不同专业方向的教师，为了提高自身素质，也可以学习一些其他学科专业的知识，这样对于交叉学科研究具有更重要的意义。

3. 自学习对于高校师资队伍自身虽然是一个活动，但具体到队伍内部，也需要进行细化分工。掌握了新知识（包括从外部输入的知识和团队自身创造出的新知识）的教师负责将这些新知识条理化，准备好培训材料或讲座报告。想学习、需要学习新知识的教师应该安排好自己的时间，参加各种新知识传播活动。学校管理者应该掌握新知识提供的信息和学习者学习的信息，并且做好组织工作，提供一定的自学习平台。这样三方各自完成好自己的工作，自学习才能很好地进行。

（四）自学习的方法

高校师资队伍自学习的方法很多，针对不同的知识，可以采用不同的方法。

1. 常规的培训课程

对于一些需要长期培训的知识，应该采用这种方法。但必须安排好时间，因为教师一般都有自己的本职工作，他们常利用业余时间进行培训学习。要想达到预期的培训效果，必须保证学习时间，还要采用灵活的教学方法。因为都是本校教师，在培训课上能够形成很好的课堂气氛，形成互动式教学。

2. 学术会议、讲座报告

如果其他教师参加了校外的国际会议或者高级讲座，回来后可以组织一两次汇报或讲座。自己有新知识发现时也可以举行一次讲座。在科研团队内部可以定期举行学术报告，进行小范围自学习。

3. 以科研团队方式进行科学研究

由于隐性知识在人与人的接触中传播、学习的可能性很大，特别是科学研究能力很难用一两次报告就能够学习到，所以对于科学研究，应该以科研团队的方式进行，大家经常在一起工作、学习、交流，这样才能增加接触机会，促进隐性知识传播。通过科研团队方式可以形成一支能力很强的科研队伍，这种自学习方式直接、有效。

第五章 高校师资管理的优化及机制建构

第一节 高校师资管理优化策略

一、高校人力资源的构成

高校人力资源是一个被广泛使用却又比较模糊的概念。到目前为止，对高校人力资源的构成还没有达成共识，主要有以下几种观点：

1.高校人力资源主要由教学科研人员（包括实验辅助人员）、党政管理人员、后勤服务人员、校办产业人员四支队伍组成。

2.学术人员、教学研究人员、教学管理人员、行政管理人员、各类服务人员和离退休人员是高校人力资源的主要部分。

3.教师队伍、管理队伍和后勤队伍组成高校的人力资源，其中教师队伍是主体，管理队伍是关键，后勤队伍是补充。

4.高校人力资源由四支队伍组成，即学术人员、教研人员、行政管理人员和一般服务人员。

这些观点都具有一定的合理性。本书认为，随着教育职员制度的试点和推行，未来的高校人力资源应该由教师和职员两类人员构成。其中，教师队伍由具有教师资格的高级知识分子组成，包含具有相对明确分工的教学人员、科研人员。主要承担人才培养、知识传授任务的是教学人员，主要承担科学研究、知识生产任务的是科研人员，教学人员和科研人员将成为高校人力资源的主体。具有管理能力的管理人员和专业技能的服务人员将组成职员队伍。而服务人员主要为教学、科研和管理提供技术支持性服务，管理人员主要履行学校正常运行的管理职能。本书所研究的高校教师人力资源在范围上只包括公办高校教师队伍，即教学人员和科研人员。

二、高校教师人力资源优化配置的目标

高校教师人力资源的优化配置是确保高校有效运行的一项重要工作，它既有利于高校自身的发展，又能提升教师自身素质。高校教师人力资源的优化配置应充分调动教师队伍的积极性、主动性、创造性，让合适的人在合适的岗位做合适的事情，以最小的成本换来最大的收益，确保高校队伍成为一个精干、合理、高质、高效的整体。

（一）教师群体素质结构的优化

高校教师的"硬结构"，即年龄结构、学历结构、职称结构、学缘结构、学科结构，对它们的优化就是对高校教师群体素质结构的优化。其主要表现在以下几个方面：

1. 均衡的年龄结构

形成科学合理的老中青梯队，能防止教师队伍的"断层"现象，并为教学和科研的梯队建设打下良好基础。

2. 较高的学历结构

教师队伍中高学历者所占的比例越大，教学科研水平就越高。

3. 合理的职称结构

职称结构集中反映了教师队伍的综合素质。一所高校中的教授、副教授、带头人占的比例越高，证明该校的教学、科研实力越强。

4. 理想的学缘结构

学缘结构要有利于形成相互交融的、活跃的文化氛围，它反映了一所学校的办学传统、办学理念，是学校鲜明特征的表现。跨学派、跨学科专业，多元合成的学缘结构应该是我国高校逐步形成的学缘结构目标。

5. 相融的学科结构

学科结构反映了高校师资队伍的整体实力，也是高校社会服务功能的主要标志。在高校教师资源优化配置的过程中，注重基础学科、新兴学科、重点学科的协调发展，扩大学科的覆盖面，兼容多种学科人才，促进各学科的相互交叉与融通，逐步建设一支学科专业合理，适应教学、科研以及学科要求的教师队伍。

（二）教师个体素质结构的优化

高校教师的"软结构"，即理论知识结构、能力结构、思想道德结构、生理心理素质结构等，对它们的优化就是对高校教师个体素质结构的优化。教师具备扎实、深厚的理论知识结构是教师个体素质结构优化的前提，具体包

括掌握本学科专业及教育学科专业的理论知识体系,与本学科专业相关的学科理论知识以及掌握知识面的宽度、厚度和深度,掌握现代教育的基本方法、手段,懂得教育教学的规律等;同时,具备很强的思考能力、观察能力、想象能力和教育教学的组织能力、口头表达能力、沟通能力、书面表达能力、科研能力和创新能力等也是教师个体素质的重要内容。此外,还要有良好的思想道德素质,树立正确的世界观、价值观。高校教师资源优化配置的目标,从个体来说,要满足教师综合素质发展与提高的需要,从宏观来说,要适应高校自身发展以及高等教育发展、社会进步的要求。

从总体上来说,要优化配置高校教师资源,首先必须明确配置的目标。目标不明确,就会使教师配置陷于盲目。而明确高校教师配置的目标,就需要深刻把握高等学校的特征、教师人力资源的特征以及高校人力资源的构成。高等学校既不同于企业组织,又不同于政府组织,而是一种特殊组织。北京师范大学教育学院教授、博士生导师劳凯声先生指出:公立高等教育一定要坚持教育的公益性,办出人民满意的教育。随着社会经济的变迁,计划经济向市场经济的过渡,社会的结构也不再是单纯的结构单元,一元化社会结构已不再存在,多元化社会的发展,使人的思想观念发生了根本性的变化。人们开始追求个人与社会、权利与义务之间的平衡。同样,教育也是一种组织,是由不同的人组成的团体。社会的变化已经使我国的高等教育从封闭、不关心市场的状态中走了出来,学校应该多了解市场,多关注市场,多分析市场的需求和变化。这样,政府、学校和市场三者之间形成了相互联系、相互制约的关系。因而,教育,尤其是公立高等教育在坚持公益性的前提下,需要关注教育的公平和效率。

对于高校教师本身来说,他们固有的特点,比如高层次性、共享性、学术自由性、成果难以量化等,在新的社会、新的时代、新的市场已经发生了很大变化。教师已经不能完全被定义为某个学校的教师,其价值观和人生观也不能完全只讲奉献,而不顾索取。他们的价值观已多元化,他们的需求也已多样化。物质的、生存的需要虽然仍是最基本的需求,但是,被尊重、自我价值的实现需求已经凸显。而且,受外界市场的影响,教师也表现出了"趋利"性。

故而,如何设置高校教师资源的优化配置目标,需要对教师整个市场进行调研分析,尤其是要对本校教师的状况进行调研分析,只有在对师资状况正确分析的基础上,才能制订出符合本校实际的教师优化目标和方案。

三、优化配置原则

（一）以教师发展为本

确立教师发展在高等教育发展中的优先地位。完成高等教育由依靠物质资源投入作为主要发展动力向发掘人力资源的创造作为主要发展动力的模式转型，将人力资源的投资与开发作为高等教育发展的基本动力。高等教育投资在继续完成部分高校的基础设施建设的同时，要真正将重点转向教师队伍建设上来。高校要真正把教师队伍建设摆在学校发展的重要位置上，集中资源重点支持，并在学校办学中充分尊重和有效发挥教师的主体地位与作用。

（二）着眼于整体优化、兼顾局部优化

高校教师资源配置必须首先着眼于教师队伍的整体优化。规划应体现学校定位、规模、性质、特点几个要点作为优化的依据，为学校人才培养、科学研究、社会服务提供人才保证作为目标，同时与学校物质资源、财政资源、学生资源、科技资源现状和发展相适应。

高校内部各个单元的教师资源优化即师资队伍的局部优化，如传统意义上的研究所、学院、学系、教研室、研究室、实验室等，现代意义上的学科、专业组织等。在高校，往往存在这样的现实：学校整体水平可能一般，但某个学科、某个专业则很强势，而这个学科、专业的强势可能主要是因为拥有一位高水平的学科带头人或较高水平的教师队伍。国家实施的"211工程"即包括对部分高校的部分学科的建设，通过部分学科教师资源的优化和学科建设的优化，从而推动部分学科达到或接近国际先进水平，同时兼顾了教师队伍的个体优化。整体、局部、个体基本都是相辅相成、相互包容、相互支撑的统一体。

（三）数量与质量结合

人力资源数量作为构成人力资源总量的基础部分，反映了人力资源量的特征，而人力资源的质的变化对社会生产和其他社会活动的影响更为重要。教师资源的优化配置，既要重视数量的规定性，又要重视质量的优化。

（四）队伍建设的国际化

高校要面向国际积极实施"走出去、请进来"的战略，进一步加大海外优秀人才的招聘力度，逐步提高外籍教师比例，集聚一批具有国际竞争力的学术大师和优秀领军人物；鼓励教师积极参与国际学术交流与合作，加强与

国际学术组织的联系，逐渐提升高高校及其教师国际学术的影响力，使高校成为高水平人才荟萃的高地。充分利用国际教育资源加强高校教师队伍建设，搭建若干海外师资培训平台体系。

（五）结构与效益结合原则

人力资源优化配置的实质是追求人力资源效益的最大化。高校教师资源配置无疑必须注重教师资源结构的优化，包括学历结构优化、职称结构优化、年龄结构优化、专业结构优化、学缘结构优化几个方面。同时，也要注重高校的办学效益，包括保持合理的专任教师和教职员比例、专任教师与学生比例、教师的科学研究产出等。教师配置的结构和效益与学校的规模、性质、专业、特色关系密切。

（六）优选增量与带动存量结合

在人力资源配置过程中，增量与存量的优化非常重要，一方面要再配置人力资源存量，另一方面，通过对人力资源增量的调整来改变人力资源的配置结构，但要充分发挥增量调节的效果，则还需要通过充分运用增量对存量的引发作用来发挥存量的作用。

第二节 高校师资管理优化机制的理念

一、更新高校教师配置理念

（一）人本管理理念

人本管理是对管理对象在自觉遵守规章制度的基础上所进行的较高层次的管理，建立在"自我实现的人"的人性假设之上，强调人的自我实现，它要求组织中的成员具有明确的个人目标和实现目标的强烈愿望。对于高校来说，就是始终把教师放在核心位置，追求教师的全面而健康的发展，充分调动教师的积极性和创造性，使教育科研获得效益的最大化。与此同时，组织要为个人发展提供支持，并通过为成员个人设定目标指向促使个人发展符合组织需要，通过这样的相互作用，最终实现组织与个人的共同成长。

高校承担着教学功能、科研功能、社会服务职能和高等教育育人功能、社会功能，是种特殊的社会组织。教师是高校的主体，是高校一切管理活动的首要因素。高校三大职能的实现和高等教育功能的发挥主要依靠教师完成，教师在高校职能的实现和高等教育功能的发挥中起着主导作用。高校管理活动必须以人为中心，把满足教师的需求，调动教师的积极性、主动性和创造性放在首位，真正实现人本管理。高校树立人本管理的思想，应该做到以下几点：

1.把教师作为高校一切管理活动的出发点，以教师为本，激发教师的积极性，发挥其主动性。

2.高校管理活动要始终围绕教师的选、育、留、用等活动展开，关注教师的职业发展。

3.高校应尊重、理解、善待、关心教师，将蕴藏在教师体内的潜能、创造力发掘出来，努力形成勤于学习的氛围，创造高校人才辈出的生动局面，形成高等教育功能发挥、高校职能实现的核心资源与关键保证。

（二）能本管理理念

能本管理最早起源于美国组织管理的实践，即以能力为本位的管理。能本管理理念突出强调的是管理要以人的能力为根本，以各种有效的方法，最大限度发挥人的能力，从而实现个人能力价值的最大化，同时，通过对能力资源的优化配置，形成推动组织发展、实现组织目标的强大力量。知识是人的认识能力的体现，智力是将知识转化为智慧的能力，技能是智慧在工作实践中的一种应用能力，实践创新能力是以知识、智力技能为基础的改造世界的能力，因而，知识、智力、技能和实践创新能力是能本管理的核心能力。这样，由知识到智力再到技能，然后再到实践创新能力，是由低层次到高层次、由认识世界到改造世界的发展过程。现代组织管理的一种新趋势就是实施能本管理，这种以能力为本位的管理在组织管理实践活动中得到了广泛的应用。对于提升组织核心竞争力来说，正确、有效地利用能本管理思想将具有比较积极的现实意义。

在知识经济时代，各行各业的竞争日益加剧。企业如此，高校也不例外。为应对激烈的竞争，高校自身核心竞争力的提升已刻不容缓。高校应该紧跟时代的步伐，像现代组织那样，吸纳能本管理理念。尤其是高校在配置教师资源时，应吸收能本管理思想，把知识、智力、技能和实践创新能力、开拓能力、团队合作能力作为基本前提。对于教师来说，只有通过不断的努力，提高自身的能力素质，才能为高校的发展做出更大的贡献，同时，也体现了自己的人生价值。作为学校来说，学校要以教师的能力为中心，尊重人才，尊重教师，尊重和鼓励每一个教师的才能和创造力，坚持把知识、智力、技能、业绩和团队合作能力、开拓能力、创新能力作为衡量教师的主要标准，把最大限度发挥教师的能力，实现能力价值的最大化作为高校职能的实现和高等教育功能发挥的推动力量。高校教师资源优化配置的首要目标应该是提高教师的能力，并在合适的时间将合适的教师配置在合适的岗位上，以发挥教师的最大价值。同时，要通过实行情感沟通管理、教师参与管理、教师自主管理等管理模式变革，逐渐形成一种能力发现机制、能力使用机制和能力开发机制，在此基础上，实现能岗匹配、能级匹配和能酬匹配，从而最终实现利用人的创造力达成高校长远发展的目的。

能本管理与人本管理二者相互依存、辩证统一。对于能本管理来说，人的知识、智力、技能和创新能力是其核心内容，能本管理通过组织给予的公平竞争平台与条件来使个人的能力得以展现，从而充分体现人的能力价值，其主要是通过提高和发挥人的能力来实现组织发展目标的。而"以人为本"是现代管理的一个基本原则和理念，人在组织中的主体地位和主导作用是人本管理思想所强调的，更为强调围绕人的积极性、主动性来提高管理活动的效率，"以人为本"是能本管理的基础，又是能本管理要遵循的基本原则，能本管理源自人本管理，所以，能本管理首先应该做到"以人为本"。实际上，能本管理并不排斥人本管理，恰恰相反，能本管理是对人本管理的升华和具体化。强调人力资本对于组织财富创造具有决定作用的是人本管理思想，而更强调人力资本创造财富所需要的能力要素及其与其他资源有效配置的途径与方式的是能本管理思想。能本管理可将比较抽象的"人本"概念用一系列实实在在的能力指标去体现，对于指导组织人力资源管理更具有操作性，能本管理比人本管理更深刻地揭示了人力资本在与其他资本（或资源）配置过程中的地位和作用。在知识经济时代，以人的实践能力、创新能力为核心的人力资本在经济发展中发挥着主导作用，现代管理活动也逐渐由以人为本的人本管理发展到以人的能力为本的能本管理。更高层次和意义上的"以人为本"就是以人的能力为本，能本管理是更高层次、更高阶段和更新意义上的人本管理，它是在"以人为本"的管理过程中凸显出来的一种新的管理思想，是人本管理发展的新阶段。因而，人本管理和能本管理两种理念在高校教师资源优化配置活动中并不冲突，反而能取得相得益彰、共同促进的效果。

（三）优化结构理念

教师资源配置是一个有机的整体，教师资源配置理念，教师资源配置中的方法、各因素之间相互联系、相互依存、相互作用，教师资源中的年龄、职称、学历、学缘结构，知识、能力素质结构，等等，有一定系列和层次，具有结构性，而一定的结构决定着教师资源的性质和功能。

所以，在教师资源配置中要坚持优化结构的原则，对教师资源进行结构分析，建立教师资源良好的结构，以求得系统的优良性质和功能。优化结构理念要求我们在进行教师资源配置的实践和研究中，要遵循系统的性质和变化的规律，运用系统的观点和方法，形成教师资源优化的结构。同时，根据外界环境的变化，对教师资源结构做出相应的调整，以确保教师资源结构处于动态的优化状态，更好地实现高校办学目标。

二、完善高校教师配置机制

由于高校教师资源的配置机制受两个客观因素的影响，因而，对于高校教师配置机制的完善需要考虑两个方面：一是保证市场的基础性作用；二是在政府与市场、政府与教育关系方面，政府干预必不可少。二者如何结合，如何在二者之间找到最佳结合点，是完善高校教师配置机制的关键。因此，首要面临的问题是分析市场经济条件下人力资源配置系统的运作主体和各种基本关系，重构与市场经济相适应的高校人力资源配置体系。

三、构建高校教师配置系统

要完善高校人力资源配置机制，还需要按照系统化原则建构高校人力资源配置体系。完善的高校人力资源配置体系应该包含基本的人才市场要素，具有明确的市场主体、动力机制和运行保障。其具体内容包括以下两个方面：

（一）主体系统

在高校人力资源配置中，影响人力资源权属关系的活动主体就是高校人力资源配置的主体。所谓高校人力资源配置主体系统，就是指在高校人力资源配置中，不同主体之间协同作用，相互影响，共同构成的有机整体。市场经济不同于计划经济，在市场经济条件下，应该遵循市场经济的基础规律，正确认识到高校人力资源配置机制转换过程是高校、个人和政府三种配置力量不断调整和转换的过程。因此，组成高校教师资源配置主体系统的三大要素就是高校、个人和政府。

（二）动力系统

动力系统即由供求状况和资源配置效率决定的人力资源的价格机制，也称工资机制。

这是人力资源配置的动力和主要调节器，是连接人力资源供、需两个主体的纽带。高校应该根据人才价格水平和人力资源成本约束决定使用多少与使用何种人才。在等价交换原则下，人才个体和高校需要依据人力资源的价值和供求情况以谈判方式确定工资，依据人才在使用过程中创造的新价值的大小确定效益工资，实行联效计酬的分配方法。

四、创新人事管理，创建教师管理模式

（一）开放的规划和编制管理

教育主管部门对高校教师职务评聘逐步做到不再实行职务管理，改为教师职务结构比例宏观指导，并逐步过渡到高校自我约束、自我控制，形成高校教学科研队伍的合理结构，提高用人效益。在制订和实施师资管理规划的过程中要具有开放的观念和开阔的视野，要善于保留关键人才、培养重点人才、更新一般人才。同时，在教师编制上，固定编制和流动编制相结合，固定编制尽可能减少，流动人员的比例逐步扩大，实行校际互聘教师和吸收有丰富经验的社会科技人才兼任学校的一部分教学科研职务，建立一支以学科带头人和中青年教师为主、兼职教师为辅的相对稳定、流动开放的师资队伍。

（二）开放的聘任管理

开放的聘任管理主要是指聘任关系平等，标准明确，程序严格，聘任关系契约化，实行双向竞争和择优机制。其核心是高校和教师在平等的基础上建立完全意义的契约合同，明确双方的权利、义务、责任关系。由论资排辈向竞争择优、激励约束机制转变。教师聘任制改革要引入竞争择优，完善激励约束机制，促进优秀拔尖人才脱颖而出，促进人才资源的优化配置。由行政任用关系向平等协商的聘任合同关系转变。聘任合同是规范聘任双方权利义务关系的法律文本，是聘任制的重要基石和载体。

（三）开放的考评管理

要不断完善教师工作的考评制度，建立科学合理、简便易行的考评标准和考评办法，定量定性考核相结合，定期和不定期对教师进行严格认真的考核。考核结果的运用要公平合理，与教师的培养、晋升、奖惩等结合起来。

（四）人才管理合同化

人才市场通过供求关系调节人才流向和流量，这种供求关系是动态的。

（五）激励机制科学化

激励机制的优化，需要考虑对教师进行物质和精神的激励相结合，在通过工资、津贴、奖金等劳动报酬进行激励的同时，还要考虑教师的个性特点、

不同的需求，运用马斯洛的需求层次理论适当合理地对教师进行精神的激励。

第三节 高校师资管理结构机制建构

一、高校生师结构优化

生师比是反映学校办学效率和办学质量的重要指标。近年来，由于高校持续扩招，在校学生人数急剧上升，生师比迅速提高。高层次的学校教师有很大的精力用于科学研究、研究生教育，而一般院校教师的精力主要是用于本专科生的教学。如在美国，学校办学层次越高，生师比就越低。由于不同层次高校的教师工作量不同，生师比的合理优化可以根据不同学校分为如下五个层次：

1. 具有博士学位授予权的学校，按 1 名博士生折合当量学生数为 3，1 名硕士生折合当量学生数为 2，研究生与本专科生比例在 1：1 及以上，研究生中又以博士生为主，科研工作占教师工作量 40% 以上的学校，生师比应控制在 8：1 以内。

2. 具有博士学位授予权的学校，科研工作占教师工作量 30% 以上，研究生以硕士生为主，生师比应控制在 12：1 以内；以本科教学为主，研究生与本专科生比例在 1：3 左右。

3. 具有硕士学位授予权的学校，科研工作占教师工作量 20% 左右，以本科教学为主，研究生与本专科生比例在 1：3 以下的学校，生师比应控制在 16：1 以内。

4. 一般本科院校，有少量的科研工作，在校学生以本科生为主，生师比可控制在 20：1 以内，教师有适度的超工作量。

5. 职业技术学院，科研工作量极小，在校学生以专科生为主，生师比最好能控制在 24：1 以内。

同时，严格控制教学后勤人员数量，提高办公效率。

从前面的分析可以了解到，如果教学后勤人员数量在高校职工中所占比例较大，则会整体效率不高，因此，各个高校应把后勤改革工作提到议事日程上来。简化高校行政管理和教辅后勤等机构，精简后勤人员，减少行政人员，增加办事人员，把更多的编制让给专任教师或科研人员。在后勤进入制度上应该尽量引进具有本科学历以上的年轻大学生，建立公平、公正、竞争上岗的人事制度。

二、高校教师职称结构优化

高校教师职称结构的科学优化对充分发挥师资队伍的教学、科研能力，组成合理的梯队，提高工作效率非常重要。高（副教授以上）、中（讲师、教员）、初（助教）三类职称以怎样的比例最为合理，目前看法不一。但一般来说，从普通高校来看，"二四三一"式的职称结构为宜，即助教、讲师、副教授、教授的比例为 2：4：3：1。

不同层次、不同类型、不同规模、不同师资水平的高校的教师职称比例应根据实际情况进行考虑。

1. 分全校和专业学科，进行职称结构的优化。

2. 以教师的合理流动控制教师的职称比例。

3. 改革原有的职称评定办法，实行一定学术机构的评审和行政领导聘任相结合的制度以打破论资排辈、一潭死水的现状。

三、高校教师学历结构优化

学历层次反映了教师队伍的业务素质，即他们的基础训练水平及发展的可能性。美国著名大学的教师必须是经过博士后训练的人才才可担任，德国高校的教师必须取得博士学位，日本大学助教也要求具有博士学位或正在作博士论文。与这些国家大学现状对比，我国高校存在严重的教师学历结构不合理状况。因此，我国高校从根本上提高教学质量和学术水平的重要课题之一便是改变这种学历结构不合理的现状。改变不合理学历结构的方法可以考虑以下四点：一是高校教师招聘的标准要提高，提倡引进具有博士学位的人员，重点补充具有硕士学位的人员，大学本科学历的人员在原则上不允许再吸收为高校教师；二是加大引进和培养高层次人才的力度，并有效激励优秀人才；三是加强在职教师继续教育，阶段性地大力提倡高校教师在职提高学历层次，开辟和完善高校教师在职攻读博士、硕士学位的渠道；四是对高校人事制度进行改革，严格退休制度，改革教师分配制度、优化激励机制等。

四、高校教师年龄结构优化

高校教师的年龄结构，在一定程度上反映出高校教学、科研的活力，体现出高校教学科研水平的稳定程度，直接影响教师的连续性和继承性。根据统计数据显示，办学层次越高的学校，教师队伍老龄化趋势越明显。合理的年龄结构设置，主要应从宏观上适当控制教师队伍中各年龄段教师人数的动态平衡，使其符合新陈代谢的自然规律。从总体上讲，青年教师略多于中年教师，中年教师略多于老年教师，从而构成金字塔型的年龄结构，为比较合理的年龄分布规律。一般情况下，教师的成长与发展过程大致要经过以下四个阶段：

1. 23—27岁的青年教师，基本上是刚刚走出校门，教学或科研的实践经验缺乏，知识结构还有待调整和充实。

2. 28—36岁的教师，已进入逐步成熟的阶段，基本能够独立承担教学科研任务，教学科研能力提升比较快。

3. 37—55岁的教师，由于长期的教学、科研工作，经验比较丰富，智能结构处于最佳状态，工作效率较高，是出成果的最佳年龄区。

4. 56岁以后，一般都呈记忆力减退、知识更新能力差、思维活动能力迟缓、工作效率不高的趋势。

五、高校学科及能力结构优化

人力资源是组织发展的第一资源，合理的人力资源结构将使组织的人力资源投入产出更为有效；在现实实践运行中，对于组织来说，即使根据组织战略设计了人力资源配置计划，但现实是往往在运作过程中，组织并不可能完全按照计划操作，从而使人力资源配置计划只反映了组织发展过程中组织人力资源需求的规律，而人力资源的具体工作应给予的有效指导很难做到，特别是在当前国内的人力资源市场没有真正形成的状况下，有效的人力资源结构调整无法进行，对应组织战术、业务、规模等因素变化而产生的人力资源需求的变化难以适应。这就需要考虑人力资源的结构问题。

人力资源结构主要包括人力资源数量、人员类别构成、员工基本结构、员工能力素质、职位结构等。具体如下：人力资源数量是反映人力资源数量与组织机构的业务量的匹配程度；人员类别构成是指组织人员类别构成，它显示了一个机构业务的重心所在；员工基本结构反映了员工的年龄、民族、性别等分配情况；员工能力素质则是组织内不同能力、不同素质员工的配置状况，反映了组织总体能力和各部门的能力状态，但组织能力是员工能力的组合，而不是简单的员工能力的总和；职位结构是指组织职位体系、岗位体系的现状以及人力资源分布在二者上的反映。人力资源结构直接反映了组织人力资源配置的现实状态，在分析组织战略的基础上，可以比较清晰地看到现有人力资源是否能够对组织战略的实现给予支撑以及其中潜在的问题。一流的人才并不能和一流的组织画等号，而一流的人力资源结构才是一流组织的基础，组织是不断变革的，而传统的职能结构模式远远不能满足这种变革的要求。在人力资源总体结构中，组织员工素质构成状况以及职位结构状况应是最核心的。员工能力素质的构成，不但反映了组织总体能力倾向，同时也反映了组织总体能力的不足。而职位结构状况，既反映了组织职能的分布情况，又反映了组织对员工职业发展的导向。

人力资源的开发可以解决所有的这些问题：

1. 从组织职位体系入手，建立职位体系，打通组织内部不同系列职位的职业发展通道；

2. 从岗位能力要求入手，根据企业战略，分析在组织变革中，各岗位应该承担的责任，得出各岗位发展所需要的能力素质模型，并以此作为标准衡量、评价员工的能力；

3. 重视员工的职业发展，帮助组织员工建立正确的职业发展方向，向学习型组织迈进，并引导员工的能力素质提升，从而优化组织能力素质结构；

4. 引导员工根据自己的个性特点、能力特长制订发展计划，使员工适应组织发展的动态。

第四节 高校师资管理运行机制建构

高校师资管理运行机制是由影响学校运行的内部和外部的诸多因素相互作用而构成的。这些因素大体包括三个方面：行政的、市场的和学术的。从这三个方面研究和把握师资管理活动运行的规律，对加快建立具有社会主义市场经济特色的高校师资管理运行机制是十分必要的。

一、加大对教育的投资力度，建立政府宏观调控机制

影响高校师资管理运行机制的行政因素是指政府的法规、方针、政策，政府下达的计划、任务以及提供的人、财、物等各种办学条件。它代表了国家的教育宗旨和办学指导思想，在很大程度上反映了社会对于高等教育的要求。这无疑构成了学校运行的重要驱动和制约因素，影响和指导着学校运行的各个方面。

高层次人才密集历来是高校的一个显著特点。过去，高校凭借公费医疗、养老保险、分配住房等政策优势留住和吸引了大批优秀人才，促进了学校的发展。而在市场经济发展的今天，高校原有的能够吸引人才的优势都逐渐减弱。可以现实地说，高校在不见硝烟的人才大战中已濒临弹尽粮绝，尤其是外企对人才资源的长远战略开发，使得学校的人才争夺更加紧迫。

当前，高校高层次人才的流失和国内外优秀人才引进的困难已成为阻碍高校发展的一个共识问题。其主要原因是高层次人才得不到应有的待遇、良

好的工作环境和学术氛围。尽管高校在提高教师的待遇、稳定和吸引优秀拔尖人才方面做出了很大的努力，采取了种种措施，但收效甚微。要想从根本上解决这一问题，就必须打破旧的管理模式和运行机制，加大对教育的投资力度。首先，国家应从多种渠道筹集资金，增加教育经费投入，改善高校的办学条件和工作环境。其次，改革教师工资制度，强化激励机制，实行高薪聘任、优劳优酬。国家给高校教师，特别是优秀拔尖人才的收入，应保证他们无生活上的后顾之忧。第三，各级政府以及有关部门要加大定向资助的力度，积极选拔和培养高校的优秀人才，建立多项奖励基金，对做出杰出贡献者给予重奖，提高激励力度，在高校中形成良好的学术氛围。第四，要发挥社会主义制度的优越性，坚持思想动力为先导，要在决策者中牢固树立科教兴国的观念，强化政府示范和新闻媒体宣传的功能，使教师职业成为最令人羡慕的职业。

另外，教育具有事业性和产业性的双重特性：市场对教育既有更新教育观念、增强教育活力、拓宽教育功能、提高教育效益的正效应，同时，由于市场固有的弱点——短期行为，又容易使办教育产生忽视教育规律的负效应。而克服这种负效应的必要办法是建立健全政府对高校的宏观监督调控机制，通过立法约束高等教育的行为，通过拨款的导向性引导高等教育平衡和健康发展，通过建立评估、监督制度，保证教育的质量和法律规范的有效施行。

二、引进市场竞争，完善用人制度

高校要促进师资队伍的不断建设，就必须建立和完善科学的用人制度。在高校教师的晋升、招聘、管理、考核等过程中，引进市场的竞争机制，遵循市场经济中的公正、公平原则。实行科学、合理的聘任制度，根据岗位的需要来聘任人才。

在对人才资源进行配置时要树立市场经济的观念。在高校教师的聘任制度中经常涉及岗位的设置问题，所以应对高校中的资源进行优化配置，以实现高校的发展。在当今的市场机制下，高校应该通过自主办学的方式达到人才资源的良性循环，完善的市场机制能够帮助人才在竞争的环境中找到自己的准确位置。对于人才的合理使用和人才效能的充分发挥，会对高校人才战略的实现产生直接的影响。在高校师资队伍的管理过程中树立公平竞争的理念，避免出现平均主义、求全责备、论资排辈等现象，创造出良好的环境以适应人才的发展。在高校师资队伍的建设过程中加强对青年教师的培养具有重要的意义，主要目标是培养出一大批业务水平高、政治素质好的创新型高素质人才。在高校师资的建设过程中引进竞争机制、激励机制。只有确保竞争的公平性、激励机制的合理性才能不断催人奋进，同时，在人才的流动中树立对师资队伍进行优化的科学观念。高校只有不断深化改革，增强自身的吸引力，才能充分利用社会上的人才流动机制，选拔优秀人才，留住骨干教师，优化教师队伍。

此外，在积极引进竞争机制的同时，还应在管理中突出以人为本的理念。尊重、关心、爱护人才，给他们安排合适的岗位，确保人才的创造性能够得到最大的发挥。对人才的个性应予以充分的尊重，做到避其所短和扬其所长。学校应努力造就人才，利用机制激励人才，用法制保障他们的权益，充分发挥人才的创造性和积极性，将人才优势转变成科研优势和知识优势，实现高水平、高素质人才队伍的建设。

高校在对师资队伍进行建设的过程中应始终坚持科学的人才建设路线，树立正确的管理观念，在队伍的建设过程中应以培养、稳定、开发人才作为发展的重点，将校外高素质人才的引进作为突破口。通过不断完善和实施人才政策，充分发挥高素质的学科骨干和学科带头人在人才建设中的积极作用，只有这样，才能促进和带动高校师资队伍的建设和发展，才能实现高校的健康、长远、可持续发展。

第六章　高校师资队伍建设

第一节　高校师资队伍建设概述

一、高等教育师资队伍建设的一般要求

（一）数量适当

与学校办学规模相适应，专业门类相协调，高校应该使教师队伍在数量上保持充足适当，必须满足生师比的基本要求，比如现在一般认为 16∶1 是高校生师比的一个适当指标。当前的情况是，由于学校规模发展快，又考虑成本等因素，不少学校尤其是民办学校存在着教师数量不足乃至严重不足的矛盾，这应该引起我们的重视。

（二）素质精良

素质精良是一个内涵丰富的概念，作为教师，其主要任务是育人，因此，教师首先必须具有良好的师德师风、良好的道德素质，从某种意义上说这是最为重要的。其次，不同类型的学校对教师也有不同的素质要求，教师应该具有较高的文化层次，接受过高等教育是最基本的要求，接受过研究生教育乃至博士教育也应该是重要的导向，尤其是博士，应该是目标追求。除此之外，高校的教师应该有作为教师的基本素质，如语言表达能力、形象、品质、风度和人格影响力等。

（三）结构合理

学校教育不同于培训机构，它要培养相应学历层次的人才，因此，必须实现知识、能力、素质的有机统一。而要达到这一目标和要求，其人才培养方案本身就有丰富的内容和合理的结构，马克思主义理论课程、思想道德修养课、法律法规教育课、军事体育艺术课，不同的专业课程、专业基础性课

程等，共同构成了教师队伍建设，不仅有总量要求、素质要求，而且应该有结构要求，并且要以合理的结构来支持和完善数量和素质的要求。与此同时，高等教育作为高教性、职教性和行业（区域）性三者统一的复合体，本身就是一个非常重视结构的机体，实际上是说，高等教育教师的结构问题更加重要，更有意义，更能体现办学特色和发展需要。

二、高校教师素养的个性要求

无论从哪个角度看，教师的个体素质都是教师队伍建设的基础，广大教师的良好素养和水平决定了高水平教师队伍的形成，教师个体素质至少包括以下几个方面：

（一）强调三种经历

这是说，一个合格的、优秀的教师必须具有三个方面的经历：一是高等教育的学历，如果能够有硕士乃至博士的学历则更好；二是企业经历，不仅要了解行业企业的情况，有行业企业从事具体工作的经历，而且应该把了解行业企业，在行业企业挂职实践成为制度；三是育人履历，这是教师对教书育人职责的要求，是要求教师能够有丰富的育人工作的经验和经历。

（二）注重三项能力

这是说，一个教师至少要具备三个方面的能力：一是教学和指导实践的能力，不仅能教好一门或者两门课，而且要有指导学生具体做的实践能力；二是育人和指导职业生涯规划的能力，真正能做到教书育人，做学生的知心朋友，指导学生科学规划人生，实现人生科学和谐发展；三是科研和社会服务能力，教师必须充分利用自身优势，积极开展科学研究和社会工作，为行业企业、政府决策，为社会进步、企业发展做贡献。

（三）推进三方融入

要实现教师的成长和发展，必须积极创造条件，为教师的成长和为社会做贡献创造条件：一是融入政府部门，提高服务决策能力。高等职业教育办学过程中，必须以政府为主导，因此，了解政府的需求，研究政府的动向，必须成为高职院校的教师所关注。二是融入行业企业，提高服务社会的能力。高等教育发展必须以行业为依托，了解行业，服务企业，以行业发展为指导，应该成为高等教育发展的主旋律，作为学校干部和教师，应该切实把融入行业企业作为重点。三是融入科研院所，提高学术服务能力。高职教育是高等教育的重要组成部分，必须在加强职教性建设的同时，着力高教性建设，提升科研能力和水平，更好地为社会服务。

三、推进高校师资队伍建设的具体举措

（一）政府重视

所谓政府支持，就是政府将建设一支高素质的高校教师队伍纳入政府议事日程，并推出相应的措施予以支持，比如实施学历提升计划、国际化能力提升计划等。这类计划必须在得到学校重视的同时，也得到政府部门的重视才得以有效进行，只有财政、教育、人事乃至党委组织部门将高校的教师培养纳入规划，并有积极行动，才有利于切实提高高校教师队伍的水平。

（二）工程推动

政府重视的直接措施至少有三个方面，一是专项投入，二是专项考核，三是工程推动。实践证明，专项投入、专门考核和工程推动三者相互结合，成效显著。

采用工程推动的办法，以××人才工程、××人才项目的办法，辅之以专门的财政投入和专项考核，一定会产生积极的效果，实践证明这是十分有效的。高校教师队伍建设的关键是参照这些机制，开展有针对性的工程推动方法来解决高层次教育师资问题。

（三）科学定编

高等院校的师资队伍需要解决的不仅有素质提升问题，还有结构优化问题、总量控制问题。结构问题和总量问题的原因是各方面的，规模发展快，师资总量增加不够快，专兼结合机制结合难等都是重要原因，对于高校来说，编制不足是一个普遍矛盾。近年来，高等教育实现了大发展，但高校在职教师普遍编制不足，这在一定程度上制约了师资队伍建设的发展。与此同时，由于高等教育实践性的要求，必须有一定数量的教师每年有一段时间或每几年有一段时间保持轮岗实习，这样，对高校教师的编制应该更宽松一些。

第二节 高校学术带头人的培养

一、高等院校建设和发展需要学术带头人

（一）发挥高等院校整体功能需要学术带头人

我们认为，高等教育的主要任务是培养适应社会主义现代化建设的生产、

建设、管理、服务第一线需要的"下得去、用得上、留得住"的高素质、高技能应用型人才，注重学生能力的培养是高等教育的重要特征，也是贯彻以就业为导向的教育改革的重要内容之一。要培养学生的操作能力，教师本身的业务能力是前提，"能"师才能出高徒。所以必须全面履行高等院校的四大基本职能，在做好人才培养工作的同时，以知识贡献、社会服务等途径展示和提高自己。在高等师资队伍素质提升上，没有一定数量、具有较高水平和社会影响的学术带头人引领是不现实的，是难以实现高水平、高质量的高等院校办学目标的。

（二）提高高等院校教育质量需要学术带头人

高等院校实现人才培养功能、提高教育质量，必须加强师资队伍建设，形成一支素质精良、结构合理、数量充足的师资队伍，其中结构合理是十分重要的，它包括年龄结构、学科结构、专业结构、学缘结构、权威结构等内容。在此过程中，培养一部分理论造诣较高的学术带头人和实践操作能力较强的双师型教师对于优化师资队伍结构具有重要价值。如果没有一定数量的学术带头人，至少说明高职院校的师资队伍结构是不尽合理的，也难以实现高水平的教育质量，培养高素质的人才，引领高等院校科学发展的目标。

（三）加强高等院校专业内涵建设需要学术带头人

高等院校必须抓专业内涵建设，必须拥有一定特色和办学水平的学科，这是学校事业发展的必然要求。而专业和学科建设必须要有一定数量和较高质量的学术带头人来引领，通过学术带头人的引领，才会形成充满生机的专业建设格局，才能推动学院工作的全面展开。古今中外学校发展的实践证明：能否培养并切实发挥高水平的学术带头人引领作用对于形成有特色和水平的学科与专业具有决定性影响。

（四）提升高等院校社会形象需要学术带头人

高等教育不仅要培养人才，而且要服务社会。因此，院校必须要有一个良好的社会形象。我们可以这样说，许多社会人士发掘和研究学校资源，往往是从一批乃至几个学术带头人身上开始的，是从这一点出发来判断学院的办学实力和水平的；而能否承担科研和社会服务项目，也需要学术带头人来支持、组织和带领，其作用毋庸置疑。正因为如此，学术带头人于虚于实、于名于真都非常重要。

由上述分析可见，在高等院校发展过程中，我们必须充分认识学术带头人的重要性，并花力气培育和造就一批高水平学术带头人，为高等专业建设、人才培养、科学研究和文化传承创新服务。

二、充分认识学术带头人在高等院校建设和发展中的积极作用

高水平学术带头人是学校的旗帜。一所学校拥有多少重量级的学术带头人，不仅是推动学校学术发展和教育质量提高的重要力量和宝贵财富，更是学校改革创新、彰显魅力的关键所在。学术带头人在高等院校的作用主要体现在：

（一）组织作用

学术带头人眼光敏锐，能攻克难关，在学术研究中，能够起主导作用，能够被同行广泛认同。因此，他们在学术研究中组织或开展较大课题的研究，依靠自身的学术影响力对学校其他教师乃至整个学校科研工作的开展起着引导和影响作用。这种影响力和组织力在许多情况下是教育行政部门和学校党政领导无法代替的，充分重视并积极创造条件发挥学术带头人的这种作用，对一所高等院校来说是很有意义、很有价值的。

（二）示范作用

学术带头人是一个个体，是教师队伍的一员。由于其科研能力较强，科研成果丰厚，一般都会得到同行的广泛好评。他们进行学术研究的经验对其他教师有启迪作用和影响作用，也有借鉴作用；往往成为其他教师学习的榜样，他们的成果、成功、成就对同行一般都具有良好的示范作用。

（三）激励作用

学术带头人的作用和工作业绩往往成为其他教师新的工作参照目标，往往会提高其他教师的心理期待，促成其他教师的学术追求。在学术带头人的引领下，一部分上进心强的教师会感到上升的空间和追求的动力；一部分上进心欠缺的教师则会产生心理压力，如果转化积极效应，往往也会成为积极向上的因素，形成相互之间的"比、学、赶、帮、超"，带动整个教师队伍的提高、发展和成长，促进学校良好学风、教风、校风的形成。

（四）凝聚作用

有所成功或者说有成就的学校，一般都有一定数量的学科、专业和学术带头人。在学术带头人的旗帜下，凝聚和吸引着一大批教学研究人员，形成相对比较合理的学术分工，组成学术梯队，往往以研究所、教研室或院系的形式出现，形成正面合力。如果没有一个学术带头人，就难以凝聚一批学界

青年精英，相应学科的发展势必会受到影响。学术带头人的存在、培养和提高往往会带动一个学科乃至一个学科群的发展，其凝聚人心、凝聚力量的作用不可小视。

由此可见，学术带头人无论何时何地均有重要作用，在高等院校更加具有举足轻重的影响。

三、认真研究高等院校学术带头人的素质要求

作为高等院校的学术带头人，既要有一般高校学术带头人共同的素质要求，也要有与高职特点相适应的特殊要求。总体而言，主要表现在：

（一）个人品德

学术带头人由教师中的高水平分子组成，首先必须具有良好的师德修养和内涵，要热爱祖国，热爱科学，忠于职守，为人师表。与此同时，学术带头人应有崇高的事业心和强烈的敬业精神，具有开拓创新的勇气和不怕困难、不怕失败、百折不挠的勇气，具有健全的人格和品德。此外，作为学术带头人还必须淡泊名利，立足奉献，具有为科学而献身的精神，为事业而奉献的精神，为团队而牺牲的精神。

（二）专业水平

学术带头人，顾名思义，就是在某一领域具有较深的学术造诣，能够发挥带头专业的人，因此，专业功底扎实是最基本和最起码的素质。学术带头人必须对所从事的专业和学科方向有渊博的知识，对本学科前沿领域的发展有清晰的了解，同时也有宽厚的基础理论和不断学习、积极进取的习惯；有较强的科研水平与能力，能充分利用现代科学技术、方法进行学习、教学和科研。

（三）能力素质

对于学术带头人而言，创造性思维能力是最为重要的。当今时代是一个创新的时代，创新需要多种能力：第一，要善于思考，要勤学、多思、常练，会举一反三；第二，要有发散性思维，发散性思维对符合原则又高于现实的创造性能力而言尤为重要；第三，要有与自己研究领域相关的特殊技能与能力，这是形成富有个性的科研特色所必需的能力，这种能力为他们攻克科研难题提供了可能和条件；第四，要有人际交往能力，这是一个专业带头人能够在工作中与他人合作，形成和谐的人际关系，组织形成科研团队的重要条件。

（四）心理素质

作为学术带头人，必然面临一般教师所没有的心理压力。科研工作需要大量投入，但投入与成效没有正比关系，甚至投入未必有成效，理工科研究领域尤其如此。因此，作为学术带头人，必须性格开朗、心胸豁达，有稳定的情绪、积极的情感，能够在遇到外界变化和内心情感起伏时用理智控制情绪；身处顺境、取得成果时能戒骄戒躁，不断努力进取；反之，能百折不挠，充满乐观和自信，以坚强的毅力，努力争取最终的成功。

当然，学术带头人也是有层次的，也是相对的，正因为这样，对其素质和能力的要求，也是相对的。但需要指出的是，专业带头人毕竟是少数，因此，较高的综合素质是必需的。

四、积极构建学术带头人培养机制

对于高等院校而言，推进学术带头人培养机制的建设，既要遵循一般规律，更要发挥积极性、创造性，形成自身的特色。

（一）解放思想，更新观念，高度认识学术带头人对学校发展的积极作用

对于高等院校要不要培养带头人的问题，事实上还存在着不同的意见和声音。不仅不同学校之间会有不同认识，同一学校不同领导人之间的认识也不尽一致，高度更有差距，力度更有轻重，强度更值得讨论。我们以为，作为一所高等院校，要快速实现办学升格、管理升级，要实现规范、办出水平，要提高质量、提升内涵，尤其是要办人民满意的教育，必须抓实专业、课程、办学条件、教风学风、师资队伍等基本建设，尤其把师资队伍建设作为重中之重，花大力量，用大投入，筑大系统，而学术带头人是其要件之一。

（二）制订目标，工程推进，通过选拔、培养的方式推动学术带头人队伍建设

对于一所学校而言，培养和造就一批学术带头人，首先要在统一认识的基础上，形成和制订明确的目标，即根据学院发展的不同阶段，提出不同的要求，找出相应的行动目标，特别是采用工程管理的方法加以实施和推进。

（三）重点扶持，建立机构，以鼓励、奖励为主推动学术带头人的成长

学术带头人的培养需要考核评价，需要建立竞争、激励乃至淘汰机制。但是学术研究毕竟是一项艰苦的工作，在当今人生观、世界观、价值观多元

的情况下，比较科学有效的方法是应该实行精神激励和物质鼓励相结合，政策扶持和考核评价相统一，即以鼓励为主，辅之一定的考核；以资助为主，辅之必要的评价；以创设条件为主，辅之相应的压力催生，从而为学术带头人成长创造宽松的条件。

（四）优化环境，形成氛围，努力让学术带头人感到自豪和荣誉

学术带头人的工作是一项高强度的工作，往往不是一项立竿见影的工作，需要宽松的条件、宽容的态度、宽厚的氛围。作为一个单位尤其是单位的领导人一定要尊重人的个性，倚重人的德能，注重人的发展。以人为本，尊重知识，尊重劳动，尊重创造；鼓励创新，允许试错，宽容失败，为学术带头人成长、发展和工作创造极好条件，崇尚和支持、鼓励成名成家，使学术带头人不仅有荣誉感，而且有成就感、幸福感。这样，创新、创造的成果会源源不断，成长之路也会更加平坦。

第三节 高校青年教师队伍建设

一、青年教师成长目标：基于宏观的要求

青年是祖国的未来，也是高等教育的未来，在中国目前的人事管理体制下，科学设定人才的努力方向和培养目标，对于一个单位具有重要意义。作为从事高等教育的师资队伍建设，尤其是青年教师培养，其宏观目标指向应该是：

（一）高扬师德旗

教师是人类灵魂的工程师，应该有良好的师德风范和职业道德规范。敬业爱岗、忠诚学校、热爱学生，应该是教师的基本师德。自觉地按照社会主义核心价值的要求，用马克思主义中国化成果武装自己，坚定中国特色社会主义理论信念，弘扬爱国主义、民族精神和时代精神，模范遵守社会公德和教师职业道德规范，应该是其重要操守。

（二）过好教学关

教学是教师最基本的功夫，熟练把握课程教学，熟悉课堂教学技巧，熟知课外活动引领，应该是青年教师认真研究的重点，从某种意义上说，能否担负起一两门主要课程的教学工作，并在课堂上发挥较强的作用，应该是一个青年教师开展工作的最基本要求。

（三）练就科研功

人才培养、科学研究、社会服务是学校的三大功能，也应当是教师的三大职责，具体到个人身上会有不同的侧重。但对于一个青年教师来说，科研功夫和能力会是其成长、成功的重要因素，从某种意义上说，它会起到重要和决定性作用，因此，科学研究的方法、技巧、功底应该修炼。

（四）提升育人力

教书和育人是人才培养的基本功夫。在一线教学中深化育人，在机关工作中推进育人，则是教师的重要使命。教书育人虽是一个整体，但也具有不同技巧和方法，作为育人的要求，也有其律性可探，更有具体工作可做。学习青年学、心理学、社会学，掌握工作技巧和方法，则会起到事半功倍的效果。对于青年教师而言，直接从事班主任、辅导员等一线工作，也许更受锻炼、更有意义。

（五）形成服务能力

高等教育的特征是开放办学、校企合作，培养的人才是面向一线，联系实际的。在这种情况下，青年教师既要在教学过程中与行业企业取得联系获得经验，也要在联系实际过程中形成服务的能力和水平，尤其是如何了解行业企业的发展变化、发展信息、发展资源，充分利用自身的知识、能力和素养，增强服务行业、企业的能力和水平，为行业、企业发展做贡献。

（六）修得发展果

每一名青年教师都应该努力从实际出发，结合自身优势和特点，充分利用执教课程，从事专业的有利条件，形成自己的特点，培育自己的特点，形成有特色的成果，在较快的时间内修得发展果，作为自己职场成功的胜利之果、幸福之果和甜蜜之果。

二、青年教师成长指向：基于微观的思考

在学校，青年教师是最为活跃的群体，也是最富生命力的群体，青年教师往往也是承担最繁重、最艰巨任务的群体，在培养阶段挑大梁，在成长过程中担重任是其基本特征，正因为这样，青年教师成长规律具有以下特征：

（一）基本轨道

一年适应岗位：即利用一年左右的时间适应教书育人的岗位要求，做到适应环境，适应人文，适应教学。三年成为骨干：即利用三年左右的时间，

能够在本校教书育人全部或某一方面发挥骨干教师的重要作用。五年成为尖子（五年顺利转岗）：利用五年左右的时间，成为本单位教书育人的尖子，即能够成为院、省乃至更高层次项目的主持人，或者顺利成为复合型岗位新工作的适应者。七年成为宝贝（七年担当重岗）：利用七年左右的时间，能修炼成为本单位教书育人、教学工作的中坚力量，在各项聘任中能成为各部门的首选，为师生所认可和爱戴。九年成就事业：利用大约九年的时间，成为本单位挑大梁的人才，从事教学工作功夫过硬，从事育人工作品格可靠，从事管理工作业绩过关，实现专业很精的发展或综合全面的成长。一生幸福平安：青年教师德、智、体、美全面锻炼，德才兼备，为成为正品、争做佳品、力创极品打下良好基础，奠定一生良好发展、平安幸福的基石。

（二）基本要求

一是讲好一门课程并力争成为优质精品课程，这是青年教师必须顺利达到的标准，必须合格，争取优秀。二是带好一个班级并努力成为学风示范班级，这是青年教师育人工作水平的重要标志和体现，也是青年教师在教书育人岗位上立足的基点之一。三是形成一批成果并争取成为优质成果，这是青年教师多出成果，出好成果，尽快显出个人才华和业绩的彰显之处，也是教师职场成功的主要标志之一。四是融入一个专业并尽快成为中坚，这是适应高职教育的特点和要求，充分发挥青年教师作用和才能的重要途径和平台，也是青年教师进一步发展的基础。五是加入一个团队并努力成为骨干，这就要求青年教师融入集体，把握机会，并积极争取机遇，使自己在团队中发挥作用。六是结对一个企业并努力成为紧密型合作伙伴。这是青年教师适应高职教育的特点和要求，加快理论联系实际，推进校企合作、工学结合的重要途径，也是青年教师拓展渠道、全面发展的条件和路径。

三、青年教师培养理念：基于宏观的设计

青年教师是中国高等教育现有教育工作的承担者，也是未来发展重任的担任者，应该加大培养力度，增加锻炼机会，拓宽使用渠道，当然，更应该有具体路径和发展设计。笔者以为，从高等教育教师要求看，"重三历、强三化"是最基本的。

（一）重三历

1. 企业经历

高等教育的要求，强调的是理论与实践相结合，培养的是高素质技能型专门人才，应用型、技能型、操作型是基本特征，因此，作为青年教师尤其

是专业课教师，其从事行业企业工作的经历是非常重要的，因为有经历才会有感受，有感受才会有感悟，有感悟才会促进教育教学。

2.育人履历

育人是教师的基本功，也是教师的基本职责。育人的履历会增进教师对学生的了解、理解和热爱，从而改进、优化和提升教学工作，促进教育教学水平的提高。

3.博士学历

博士学历既是一个要求，也是一个象征。它实际上要求教师具有扎实的理论修养和功能，具有较强的分析问题、解决问题的能力，较扎实的学术规范和基础，即深厚的基础积淀。只有这样，才能实现"要给学生一杯水，教师必须有一桶水"的要求。

（二）强三化

1.职业化意识

教师必须有较强的适应专业特点的职业化意识，并有实践感知。

2.信息化能力

当今社会是知识化、信息化时代，掌握信息化手段，学会信息化本领，既是教师从事教学工作的基本条件，也是教师与学生交流和获取知识信息的重要途径，从而成为教师的基本功。

3.国际化视野

教学要面向未来、面向世界、面向现代化。高等职业教育面向实际，接轨国际，培养的学生具有处理中国具体工作的能力并具有国际视野，应该是基本目标，这就要求青年教师学在前列，走在前列。

四、青年教师培养方法——基于微观的方案

建设一支素质精良、数量充足、结构合理、适应发展的青年教师队伍，既是各学校的具体任务，也是整个教育战线的工作要求；既是教育发展的要求，也是人才工作的重要内容，必须通过科学的方法加以推进，具体思路是：

（一）舆论引领

必须从舆论上加强对青年教师队伍建设重要性的认识，形成加快建设一支高素质青年教师队伍的舆论氛围，形成有利于青年教师早挑大梁，快速成长，脱颖而出的人文环境，鼓励和引领青年教师勇立时代潮头，勇担发展重任，勇做业务尖兵。

（二）工程推动

对青年教师的培养，无论是人事部门、党政部门、科技部门还是教育部门都应该研究并争取有力有效措施加以推进，而对于各类学校而言，更应采取建设工程加以促进，用中老年教师结对培养青年教师的方法；青年教师国际化工程即鼓励青年教师强化外语以了解国际，提升教师双语教学能力和国际文化交流能力的办法，又如青年教师博士化工程、资助青年教师攻读博士学历的方法等，实践证明这是非常有效的。

（三）组织培养

青年教师培养既需要本人自觉和主动作为，也需要工程来推动和促进，也离不开组织部门有计划、有步骤地加以培养，划拨专项经费，建立专门组织，采用专门方法培养和造就高素质青年教师队伍，这既是组织人事部门的职责，也是教学科研工作部门的使命，更应该成为各单位党政主要领导的重要工作，必须认真加以落实。

（四）自我修炼

从本身意义上讲，青年教师的提高和成长，也应该是教师自己的事，如果没有教师的自觉和修炼，没有自身的热情和能力，外部的力量也是有限的，外因只有通过内因才起作用。激发青年教师的事业心和进取精神，应该是教师和高校共同的责任和追求。

（五）考评促进

实践证明，建立科学有效的经济和考核机制，既是培养青年教师的有效路径和方法，也是青年教师培养有效性的科学路径，在青年教师一线开展比、学、赶、帮、超活动，开展评比达标考核活动，一定会在很大程度上促进青年教师培养工作的有效开展。

（六）鼓励超越

从人文环境建设上说，我们应该打破论资排辈的传统做法，解放思想，开拓创新，积极创造条件，鼓励青年教师快速成才。为此，既要为青年教师常规发展铺路，也要为青年教师超越发展搭桥，更要为青年教师特别发展设专线，形成万马奔腾的繁荣局面。

第七章 高校师资队伍建设规划

第一节 高校师资队伍建设的内涵与意义

一、高校教师队伍建设规划的含义

（一）高校教师队伍建设规划的概念

高校教师队伍建设规划指的是以学校总体发展战略为指导，按照学科建设目标的要求，分析本校现有教师的素质、年龄与性别结构、学缘、学历与职称结构以及创新型学术团队等因素，预测高校发展环境的变化及教师供给需求状况，制订相应的教师队伍规划，包括短期、中期以及长期规划。高校教师队伍建设规划是高校战略规划的一个子规划，它是高校战略规划的中心内容，是实现学校战略目标的重要保证，是保障学校可持续性发展的重要手段。

教师队伍建设规划的制订是运用一套分析技术来进行战略开发的过程，在这个过程中，要将一个目标或一组意图分解到各个步骤中，然后对各步骤予以细化，并详细阐述每一步骤预期产生的后果或结果。

（二）高校教师队伍建设规划概念的解析

不同高校的教师队伍建设规划有所不同，而且制订的相应措施也有所差异。但我们认为高校教师队伍建设规划概念主要包含以下几个因素：

第一，它是以高校发展战略作为教师队伍建设规划制订的指导思想，是高校战略规划的子规划项目，教师队伍建设规划要符合学校发展战略的需要。例如，北京大学以建设国际一流研究型大学为发展目标，西南民族大学以建设国内一流的民族大学为办学目标，二者相比，战略定位与发展目标差异很大，因此在制订教师队伍建设规划的目标与举措方面，肯定是迥然不同的。因此，学校的发展战略决定了教师队伍建设规划的方向与思路。

第二，以学科建设目标为要求。学科是人才成长的摇篮、学术研究的基地、技术创新的发源地，是教学、科研的基础和载体，也是学校办学水平和特色的集中表现。任何一所学校都要考虑学科建设的资源约束和能力限制，无法追求学科门类的齐全与并进，而只能追求"优势学科"和"学科优势"，追求学科建设的特色。然而，对学科建设起支撑作用的是教师队伍建设，教师队伍的学术水平是学科发展水平的集中反映，没有一流的教师队伍，就不可能有一流的学科。因此，学科建设目标必然决定了高校教师队伍建设的要求与侧重点。同样以北大和西南民大为例，西南民大在藏学、彝学研究等领域居于全国前列，而且也是该校重点建设与打造的学科，北大在此领域相对西南民大其研究水平有一定差距，而且其藏学、彝学研究相对北大其他的诸如数学、物理学等学科差距更大。因此，西南民大制订的教师队伍建设规划，以藏学、彝学为中心的民族学学科教师队伍建设是西南民大全力打造的重点之一，但北大在做教师队伍建设规划时就不会以藏学、彝学研究队伍作为重点建设的对象。因此，学科建设的目标必然引导着教师队伍建设规划的制订。

第三，高校教师队伍建设规划受到现实环境的制约。一方面，不同高校教师队伍的现状存在很大差别，如大师级别的人数、教师队伍结构、学术梯队的状况等；另一方面，高校的外部环境也是在不断变化的，比如教师资源的供给状况、不同高校的发展状况等。因此，进行高校教师队伍建设规划，必须科学分析和预测外部环境的变化，做出相应的对策。总之，高校教师队伍建设规划的制订过程，就是要通过规划及其实施，使学校的资源和能力与不断变化的社会需求之间保持战略适应性。

二、高校教师队伍建设规划的重要意义

（一）国际、国内竞争日益激烈，要求高校必须做好教师队伍建设规划

当今，高校资源的市场化程度和高校之间的资源竞争会日趋激烈，要求高校必须做好学校发展战略规划，而高校教师队伍建设规划又是高校发展规划的中心建设内容，只有做好学科建设规划与教师队伍建设规划，才能提高高校的核心竞争力，才能在竞争日益激烈的环境当中立于不败之地。首先，大学发展水平是办学质量与效益的竞争，大学需要准确地设计自己的发展目标，选择合适的发展方向，提高质量以同他人竞争。因此，高校自身发展迫切需要科学合理的规划来指引。其次，大学的发展，必须要获得政府投入和社会资本的投入，也需要尽可能制订能够在最大限度上满足各方需要的发展

规划。最后，竞争的日益激烈要求高校认真制订发展规划，使自己在资源争夺战中立于不败之地。

（二）高校教师队伍建设的重要政策指导

上文谈过，教师队伍建设规划是要求制订详细的发展规划措施，并把每一个目标或一组意图分解到各个步骤中，然后对各步骤予以细化，将每一个目标详细阐述，并预期每一步骤可能产生的结果。教师队伍建设规划是教师队伍建设最重要的政策指导依据。在教师队伍建设的过程中，必须按照规划的指引与要求，采取步骤逐步实现既定的目标。而且，科学的教师队伍建设规划已充分预见了外部环境的可能变化性并提出相应的对策，为教师队伍建设留有相应的余地，因此，即使外部环境有所调整，但只要严格按照规划的指引与要求，就一定能建设一支符合高校需要的教师队伍。

（三）为教师职业生涯发展提供重要的参照

职业生涯规划是指个人发展与组织发展相结合，对决定一个人职业生涯的主客观因素进行分析、总结和测定，确定一个人的事业奋斗目标，并选择实现这一事业目标的职业，编制相应的工作、教育和培训的行动计划，对每一步骤的时间、顺序和方向做出合理的安排。引导教师职业生涯设计和再设计是学校的重要职责，促成教师根据自身特点建立清晰明确的职业发展目标与发展道路，提高工作的主动性、积极性和针对性，从而促进教师个人职业目标和组织目标的共同实现。教师队伍建设规划为教师职业生涯发展提供了明确的发展导向与目标，教师可以根据学校的教师队伍建设规划，分析自身利弊，为自己在高校教师生涯规划设计中做好明确的定位与方向，对教学、研究和学习等方面进行统筹规划。

三、高校教师队伍建设规划的现状

当前高校在制定教师队伍建设规划时还存在不少问题，导致规划的战略性、前瞻性以及可操作性都较差。

教师队伍建设规划制订中常见的问题主要有：第一，对战略规划考虑不够，教师队伍建设规划不能很好地体现学校的总体战略和发展需要；第二，规划的科学性不够，使规划目标既难以测量，也难以分解和落实；第三，规划实施和执行的力度不够，缺乏对规划实施的评估和监控；第四，规划的发展思路、目标、措施没有及时转化为宏观政策，导致规划的导向性不足；第五，规划制订过程中，由于教师队伍建设规划是由人事部门制订，其更多的是从本部门的立场与角度出发，没有广泛征求教师意见尤其是学科专家的意见，论证不够充分，相关部门对教师队伍建设规划制订的支持力度不够，有的甚至不理解；第六，有些高校制订的教师队伍建设规划不能科学地预见未来发展变化的情况，未能体现前瞻性，有的又统得过死，未能适当地留有余地；第七，对相关规划统筹考虑不够，专项规划各自为政，不能协调统一。

第二节 高校师资队伍建设的内容与程序

一、高校教师队伍建设规划程序

程序规范是内容科学的基本保证，通过履行规范的程序，提高规划的深度和水平，提高教师队伍建设规划的科学性与合理性。简单说来，教师队伍建设规划制订要经过如下程序：进行学校外部环境和内部情况的分析，包括机遇与挑战、优势与不足等，特别要进行与国内外著名大学的对比分析；进行顶层设计，提出规划纲要框架，组织专家和职能部门进行研讨，形成规划纲要；校领导讨论审定规划纲要；根据规划纲要的要求，完成规划（征求意见稿）；校领导讨论审定规划（征求意见稿）；广泛征求院系和教师意见，修改形成规划（讨论稿）；校领导讨论审定规划（讨论稿）；提交教职工代表大会讨论审定；由校务委员会（或办公会）批准；在全校公开，并采取多种形式进行广泛宣传和讲解。在规划制订和实施过程中，以下几点应引起特别注意：

（一）民主参与

高校教师队伍建设规划编制必须注重民主参与。一是健全规划编制专家咨询制度，组织规划咨询、论证、评估等活动。二是采取多种形式保障教职员工和相关组织参与规划编制过程。在规划制订过程中，充分听取专家、教授的意见，特别要重视吸收基层专业教师的意见，全面了解不同群体的利益与诉求，以尽可能保证规划的科学性、合理性与可操作性。

（二）衔接

规划衔接是保障各级各类规划协调配合、形成合力的关键环节，各级各类规划要与相关的规划衔接，下一级规划要与上一级规划衔接，区域规划、专项规划要与总体规划衔接，相关规划之间要相互衔接，同级规划相互协调。高校教师队伍建设规划也应当与其他规划做好衔接工作，进行高校教师队伍建设规划的主要职能部门也应与相关单位做好沟通与衔接。比如说，高校教师队伍建设规划需要以学科建设规划目标为指导，要与校园建设规划紧密配合。在具体制订过程中，高校教师队伍建设规划应与研究生教育、本科教育等人才培养规划相结合，与科学研究、社会服务规划相衔接。只有这样，才能保证教师队伍建设规划的科学性与前瞻性，才能保证学校发展战略的整体性。

（三）论证

论证主要是指专家论证，是高校教师队伍建设规划中最重要的环节之一。要尊重教授治学的权力，充分发挥学术委员会、教学指导委员会、规划委员会等组织的作用，让其积极参与到教师队伍建设规划当中来，充分听取其意见和建议——只有专家学者才能更准确地把握学科发展的前瞻性，只有学科带头人才能更深刻地认识到教师队伍存在的不足与其发展方向。只有这样，才能为下一步教师队伍建设规划提出更科学、更合理的建议，才能使教师队伍建设规划起到更重要的政策指导作用。

（四）评估

规划评估是保障规划有效实施的必要环节。要避免"规划编制时轰轰烈烈，编制完成后高高挂起"的状况，必须加强对规划实施的检查监督，必须对规划实施过程开展评估。根据以往的经验，规划实施中暴露出的一些问题，有些可能是实施不力造成的，有些可能是因为规划编制得不符合实际造成的。通过规划评估，可以更好地认识到问题，以便及时采取措施予以调整。此外，实施规划是一个动态的过程，环境的细微变化都会导致规划的不断调整，通过评估，可以及时了解变化，调整相关内容，提出更有针对性的措施和建议，以充分保障规划总体目标的实现。总的来说，评估应该包含五个方面的内容：第一，明确评估的时间，是年度评估、五年评估还是十年评估；第二，评估的内容，包括发展目标、主要任务和关键指标完成和未完成的情况、采取的政策措施、存在的主要问题、主要原因分析等方面的内容；第三，评估的方法，成立由学校领导、职能部处、教师代表以及相关专家组成的专门领导小组进行评估；第四，评估的程序，是采取自上而下还是自下而上，或是二者相结合的办法等；最后，评估的效力，通过诊断性评估，及时发现存在的问题，进行偏差分析，找到解决问题的措施等。

着手制订发展规划前，必须有一个明确的指导方针或指导思想以及整体的原则。高校教师队伍建设规划的指导思想是制订和实施规划的根本准则。正确的指导思想要能够充分反映国家、地方和学校自身的利益与要求，要能够与国家和地方的教育发展指导思想相吻合。

二、高校教师队伍建设规划内容

高校教师队伍建设规划编制工作的主要内容有：总结和分析前一个时期（通常为 5 年）教师队伍建设规划的实施情况、取得的经验与存在的问题；分析未来一个时期（通常为 5 年）面临的形势，对教师队伍建设的现状、发展趋势、需求与供给进行分析、预测和判断；规划未来一个时期（通常为 5 年）教师队伍建设的发展战略、方针、目标、任务、重大项目及保障措施，并且制订逐步的实施计划和步骤，并将每一个目标分解到实施步骤当中。制订教师队伍建设规划是为实现学校的战略规划服务，需要与战略规划进行有机结合。

高校教师队伍建设规划是指导自身行动的纲领，一份完整的高校教师队伍建设规划应该包括以下三部分内容：教师队伍现状分析，指导思想与发展目标，工作重点和相关政策措施。

（一）教师队伍现状分析

教师队伍现状分析要求对自身所具有的基础进行全方位梳理，明确在同行中所处的位置，也就是说找准坐标。只有找准坐标，才能进一步设计未来的努力方向和发展水平。

教师队伍现状分析主要包括以下内容：

第一，教师的数量。教师数量是否充足，是否达到保证教学质量的基本要求。

目前主要评价指标是生师比，按照教育部《普通高等学校本科教学工作水平评估指标》的规定，优秀指标为 16∶1，合格指标为 18∶1，但在教师队伍建设规划当中，不仅需要整体规划全校的教师数量，还必须考虑各学院、各学科的教师数量是否达标。最后，在规划教师数量时还必须综合考虑办学成本，根据自身的情况及发展的需要合理确定。

第二，教师队伍的结构。主要包括分析教师的学历结构、职称结构、年龄结构、专业结构以及学缘结构等因素，考虑这些结构是否合理，是否具备可持续性发展的特征以及这些结构发展的合理趋势是什么等。对此的分析应从两个层面进行：学校教师队伍整体是什么状况；不同学科教师队伍状况如何，如重点学科和优势学科教师队伍的状况如何。

第三，教师的素质，实际是教师队伍的潜结构分析。教师队伍的整体素质如何，创新精神与水平怎么样，创造能力如何，心理素质如何，教学科研能力如何，人文素质怎么样，思想政治素质如何等，这些都是教师队伍潜结构应充分考虑分析的因素。

第四，高层次人才队伍与创新团队。现有教师队伍中，一流学科带头人和大师级学者的状况怎么样，有没有优秀的创新团队，数量有多少，创新团队的学科分布状况如何等。

只有充分分析了现有教师队伍的状况，才能为下一步的规划提供更好的指导依据，才能更好地制订教师队伍发展规划。

（二）教师队伍建设规划的指导思想与发展目标

指导思想主要分为两个层次：其一是国家或省市对教师队伍建设的指导思想；其二是学校发展战略和教师队伍在某一时段的发展方向和程度、性质和类型。比如说，类型有教学型、教学研究型、研究教学型或研究型，或者说定位为国际一流、国内一流或西部一流等，或者是所述二者的结合等。总的说来，高校教师队伍建设规划应坚持科学发展观和"人才立校"的发展战略，以学校发展战略和学科建设目标为要求，从学校的实际和办学特色出发，以建设高水平的学科带头人和学术骨干队伍、培养高素质的教师为重点，以引进和培养一流学科带头人和国内著名学者为突破口，坚持人才引进与人才培养相结合的原则，坚持教师队伍建设适度超前发展的原则，教师队伍建设积极创新，努力造就一支充满活力、结构优良、师德高尚、乐于奉献、学术水平较高、富有创新能力、能胜任学校教育事业快速发展需要的高素质的教师队伍。

发展目标是教师队伍建设规划的主体部分，即学校选择要重点发展的若干项目及领域。一般而言，教师队伍建设发展规划目标主要包括教师数量、教师队伍结构、高层次人才数量等，从二级指标来看，又有教师总体数量以及占教职工队伍的比例，专任教师与兼职教师的比例，教师的年龄结构比例，职称结构比例（高级职称占多少），学缘结构比例（外校毕业生占多少，重点大学高校毕业生占多少），学历结构比例（博士学位比例占多少），院士、大师级以及学科带头人数量等。当然，由于高校之间的差异，不可能用一套很完备的指标体系来评价所有学校，不同学校应结合自身的实际，可适当参考同类型或同层次高校的规划个案。

（三）教师队伍建设规划的工作重点和政策措施

为了更好地实现学校的发展战略，更好地围绕高校学科建设，更好地实现学校教师队伍建设的重要目标，规划必须突出工作重点和制定相关政策措施。一般来说，教师队伍建设规划的工作重点和政策措施是大不相同的，但也有一定的共性，主要包括以下几个方面：

第一，深化人事制度改革，营造人尽其才和人才脱颖而出的环境和机制。

完善教师聘任制度，全面推行岗位聘用制，建立健全"公开招聘，竞争上岗，择优聘任，合同管理"的用人机制；完善分配激励机制，建立以岗定薪、岗变薪变、向高层次人才和重点岗位倾斜的收入分配机制；建立科学合理的教师考核与评价体系；加强建立物质激励和荣誉激励，努力形成激励优秀人才充分发挥作用的良好氛围。

第二，要有经费保障。确保为教师队伍建设做好经费来源保障。比如，可以积极向主管部门申请拨款，或自己筹措资金，或利用社会捐赠，或通过银行贷款等渠道。当然，这都需要根据学校总体规划，从教师队伍建设规划的要求与实际情况出发，具体制定经费保障措施。

第三，具体政策的制定是与高校的实际情况紧密结合的。不同高校可根据教师队伍的建设目标采取特定的鼓励政策。例如，某高校教师队伍具有博士学位的教师比例过低，它就可以制定更好的优惠政策吸引博士来校工作，同时可制定鼓励本校教师积极攻读博士学位的相关政策等。

第三节 高校师资队伍建设的原则与方法

一、高校教师队伍建设规划原则

为了能更好地制订高校教师队伍建设规划，我们认为必须遵循以下几个原则：

（一）服务学校战略原则

要树立学校规划的观念，摒弃部门规划的观念，从学校整体发展需要出发编制规划，而不是从部门工作需要出发编制规划。在具体的制订过程中，要以学校发展战略为指导，以学科建设目标为要求，深刻分析教师队伍的现状，制订教师队伍建设规划。学校发展战略决定了学科建设目标，而学科建设目标的实现离不开教师队伍的支撑，教师队伍建设规划紧紧围绕着学科建设目标。教师队伍建设规划既服从于学校发展战略，又影响着学校发展战略规划。

（二）以人为本原则

科学发展观作为中国社会发展的战略指导思想，同样反映了高校发展的本质、目的和规律，以人为本的思想就是科学发展观的本质和核心。坚持以人为本，在高校管理中就是要坚持以教师为本的发展观，制订教师队伍发展规划就要以以人为本思想作为指导。具体来说，在制订教师队伍建设规划当中，必须树立全新的教师队伍建设观念，树立可持续发展的战略思想，着力规划和提高教师队伍整体素质推进制度创新和法制建设，营造积极健康向上的高校文化和学术氛围。此外，还必须充分发挥教师的主人翁精神，让教师尤其是相关专家积极参与到教师队伍规划建设当中来，多听取他们的呼声与建议，以更好地融合教师自身的元素。最后，制订教师队伍建设规划，还要充分考虑教师的全面发展，为教师素质的提升创造良好的条件和平台。

（三）可持续发展原则

可持续发展，就是要促进人与自然的和谐，实现经济发展和人口、资源、环境相协调，坚持走生产发展、生活富裕、生态良好的文明发展道路，保证一代接一代地持续发展。高校教师队伍的可持续发展要求教师队伍具有合理的职务结构、较高的学历结构、多元的学缘结构、均衡的年龄结构、协调的专业结构、合理的学术梯队以及富有创新精神和创造力的学术团队，以不断推动学校的发展。在高校教师队伍建设规划中，坚持可持续发展原则，要求明确高校教师队伍建设发展的战略目标、工作重点和重大举措，推进制度创新和实施人才强校战略；进一步构建完善优秀人才可持续发展的培养和支持体系，加大"高层次创造性人才计划"的实施力度，着眼于高层次人才和高水平创新团队总量增长与整体素质提高；加强中青年骨干教师能力建设，加大培养和支持力度，大力推进高校高层次人才队伍建设；深入开展学校人才制度和政策创新研究，进一步完善学校人才评价机制、竞争机制、激励机制和组织机制，开展学校人才队伍建设课题研究工作；改进和加强师德建设工作，加强制度建设，加大对高校优秀教师先进事迹的表彰宣传力度，全面提升高校教师的师德水平。

（四）程序规范原则

程序规范是内容科学的基本保证。通过履行规范的程序，提高规划的深度和水平，切实发挥规划应有的作用。规划编制程序，包括前期工作、立项、起草、衔接、论证、批准、公布、评估、修订和废止等环节。高校教师队伍建设规划也必须按照程序规范的原则制订，尤其是程序当中的论证与评估这两项工作，是确保教师队伍建设规划科学合理的重要保证。

（五）前瞻性和可操作性原则

教师队伍建设规划要体现前瞻性和可操作性原则。教师队伍建设规划是要面向未来的，要表明未来时段的事业发展状态，因此要有超前意识，要有预见性，要对未来的状况做出适当的预测；规划要从实际出发，但不是实际的拷贝，不能过于迁就实际，而是要在实际的基础上提出发展的要求，创造发展的条件，制订发展的措施，这就是前瞻性原则。所谓可操作性，就是说规划要能够在现有的或可能的条件下付诸实施，而且需要将目标分解到每一个步骤当中。不能盲目追求高目标，结果造成可操作性不强，使教师队伍建设规划成为空想。为此，教师队伍建设规划必须要有相应的指标体系，有可以获得和测量的可比性数据，要有具体的、可以实施的对策与措施。

二、高校教师队伍建设规划模式与方法

高校教师队伍建设规划有合理性模式、互动性模式两种，不同的规划模式有不同的规划方法。

（一）合理性模式

合理性模式把教师队伍建设规划过程看成一系列渐次进行的程序：决策者或规划者试图认清重大的问题，急迫地需要并确定解决这些问题或满足这些需要的总目标——将总目标转化为各项具体目标——指出各种达到具体目标的行动步骤说明每个行动步骤的代价和利益——选择最优的行动步骤——综合各种择定的行动步骤并组成一个规划——将规划分解为各种可操作的项目——根据总目标来执行和评价每个项目。比如说，在教师数量上的规划，可以根据学校学生人数的变化趋势，合理确定未来一段时间需要补充与引进的教师总数，按每年逐步应实现的目标，确定不同的学科每年应补充的教师人数等。此外，在形成合理的教师学历结构比例时也是如此。

合理性模式首先认定人们对教育规划的目标会有合理的、统一的认识，认定其具备将目标转化为行动步骤的技术或手段。其主要要求制订合理可行的评价指标，将指标根据一定的方式进行分解，并将其转化到每一个实施的步骤过程当中。近年来，管理学、统计学、信息论、决策论、计算机辅助编程技术的发展加强了合理性模式的应用地位，使合理性模式在现实的操作过程中显得更为有效。

（二）互动性模式

互动性模式认为教师队伍建设规划制订过程不是一种按部就班的、有条不紊的、逻辑上互相联系的一系列程序，而是一种个人或利益集团之间主张意见的冲突、交流、协商、妥协以及再冲突、交流、协商、妥协的连续动态过程。规划是在不确定的未来和不完全了解现在的背景下调解人的认识和人的行动的一种尝试，而不是一种确定无疑的解决问题的方案。该模式主张者

认为，教师队伍建设规划不可能有一致性的合理性目标并按照预定的途径来实现目标，也不可能有完全符合未来需求的规划。他们认为，教师队伍建设规划是一种利益的相互协调，是各方博弈的综合结果。比如说，某学校在规划学科带头人数量与学科分布的规划上，不同的学科都会为本学科尽量争取更多的指标，而最后形成的规划是各方利益平衡的一种结果。需要注意的是，规划中所依赖的完全的信息和准确无误的知识等条件都是难以实现的，这就决定了规划不仅是结果，还是一个过程；规划是创造性地适应自然与社会的过程，而不是在实现规划者的理念；高校教师队伍建设既要站在学校的立场，也要站在教师的立场，既要听取资深教师的呼声，也要听取中青年教师的呼声。教师队伍建设规划是在追求一种博弈论中设想的平衡点，以使各方利益能达到某种安全水平，形成某种安全格局。

近年来，社会学、人类学、综合管理学、政治学的研究成果有力地支持了互动性模式。在互动性模式中，决策者的角色是协商者、共识构建者、人际关系专家、宽容的调停者。互动性模式看重对现实做出因人而异的解释，强调人际信息交流的意义，突出个人、制度与其环境相互影响的动态性质，因此在制订教师队伍建设规划中特别采用便于了解人们内心世界或考虑人们想法的方法，如参与观察法、情景分析法、社会需要法等。

（三）SWOT 分析

SWOT 分析是一种比较成熟的规划方法。SWOT 是优势（Strength）、劣势（Weakness）、机会（Opportunity）和威胁（Threats）四个单词的缩写。在高校教师队伍建设规划中，SWOT 分析实际上是对高校教师队伍建设内外部条件的各方面内容进行归纳和概括，进而分析高校教师队伍建设的优劣势、面临的机会和威胁的一种方法。其中，优劣势的分析主要着眼于自身的实力及其与竞争对手的比较，而机会和威胁分析将注意力放在外部环境变化的可能影响上面。高等学校在维持竞争优势的过程中，必须认识自身的资源和能力，采取适当的措施，做好 SWOT 分析。

高校要树立科学的发展观和人才观，坚持以人为本，把人才问题始终作为高校改革和发展的大事来抓，科学制订学校发展战略规划和人才队伍建设规划，大力推进人才强校战略的实施。

高校教师队伍建设规划要坚持正确的发展观，一切要从学校的实际出发，突出自己的办学特色和优势。因此，在规划理念上，要突出以人为本，促进学校各项事业全面、协调和可持续发展；在发展目标上，要充分反映学校发展战略的要求；在规划内容上，既要突出重点，又要统筹协调。

第八章 高校教师评价研究

第一节 高校教师评价概述

一、教师评价的概念

评价是评定价值的简称。评价是一种价值判断的过程，是对客体满足主体需要程度的判断。美国学者格朗兰德（认为，评价可以简单地表述为：评价＝测量（量的记述）或非测量（质的记述）＋价值判断，即评价是在量（或质）的记述的基础上进行价值判断的活动。其中对事物进行量（或质）的记述要真实反映事物的本来面目，保证其客观性；价值判断是在事实描述的基础上，根据评价者的需要和愿望对客观事物做出评判，它受评价者价值观念的制约，反映评价者的主体需要和愿望，因此评价的结论与评价者本身对事物"应该怎样"的认识有关。

在教育活动中，教师评价是对教师的工作满足社会与个体需要的程度做出判断的活动，是对教师工作现实的或潜在的价值做出判断的过程。比如，教师通过辛勤的劳动为社会培养了人才，评价教师的工作就是对教师是否对社会做出了贡献以及贡献的大小做出价值判断。

教师评价也被称为"教师考评"。在英国，通常把对人事的评价称为"考评"，而在北美等国一般称作"评价"。

在学校人事管理中，经常会用到"考核"一词。笔者认为，"考核"表达的是管理层的管理行为与工作，如年度考核、聘期考核，从管理层的工作职责来讲是必须的。从概念理解上讲，"考核"一词更多地体现了管理层的行为和主观意识，有考查审核之义，更关心个体的工作绩效与组织目标实现的关系；"评价"一词更多地体现了多方参与行为和客观性成分，有评定价值之义，既关心个体的工作绩效与组织目标实现的关系，还关心在实现组织目标的同时，个体发展目标的达成。在人事管理实践中，考核和评价是分不开的，考核是建立在科学、有效的评价基础上的，先有评价行为，后有考核结论；并且在人事管理实践中，"考核"一词常常包含评价与考核两种含义。基于上述理解，本章标题虽然是"高校教师评价"，但是有时行文将考核和评价一并提及，无法将它们截然分开。

二、教师评价的目的

教师评价属于教育评价的一部分。可从教育评价的目的来探讨教师评价的目的。"目的作为行动的直接动机指引和调整着各种行为，并作为支配人的意志的内在规律贯穿在人的实践中。"教育评价的目的，就是人们在开展教育评价之前设想或规定的教育评价活动所欲达到的效果或结果。教育评价的目的，指导和支配着整个教育评价过程，决定了教育评价的发展方向。

从教育评价的发展历程来看，在不同的时代，教育评价的目的不尽相同。早期的教育评价研究和实践，主要是为了测量教育目标的达成度或为了比较与鉴别；现代教育评价则更注重通过评价促进工作的改进，为教育决策服务。

（一）鉴定

早期教育评价的主要目的是鉴定对象的目标达成度，或根据某种准则和标准鉴定教育活动结果合格与否、优劣程度或水平高低，以及进行排名或比较、分层或分等、筛选或选拔等。这与长期以来世界各国的教育系统强调教育分层、选拔功能等目的有关。当代教育评价活动不再以鉴定为主要目的，鉴定只是目的之一。

（二）诊断

诊断的目的是提供关于评议对象优缺点的反馈，即获取评价对象的各类信息，发现教育活动的成功之处或问题所在，寻找出问题存在的原因，提出解决问题的对策。肯定成绩、指出问题及其成因，并设计出针对性的"疗法"与"处方"，是诊断的基本含义。在布卢姆等人的积极倡导下，诊断已经成为现代教育评价特别强调的目的之一。

（三）改进

改进的主要含义是及时反馈信息，调控行为，促使评价对象不断完善与优化。与"诊断"比较，"改进"着重于提供关于进步的描述和对教育的促进作用；与"鉴定"比较，"改进"要求对目标本身的合理性进行判断并改善。1967年，美国教育评价学者斯克里文等人提出了以"改进"为目的的形成性评价思想。

此后，强调"改进"成为现代教育评价的基本价值取向和突出特征。斯塔弗尔比姆曾指出："评价最重要的意图不是为了证明，而是为了改进。"通过评价改进工作的思想，扩大了教育评价的功能范围，拓展了教育评价的视野。

三、教师评价的作用

探讨教师评价的作用，归根结底是探讨教师评价在高校教师人力资源管理中的作用。随着教师聘任制改革的深入，评价与考核已不再是以往单纯的年终总结和评优依据，而是成为聘后管理的一个重要的环节和手段，也是实施与岗位聘任制配套的收入分配制度的依据，是岗位聘任制保持长期良性运作的基本保证。教师评价和考核的作用包括导向、激励、交流、检查与监控等方面。

（一）导向作用

教师评价的导向作用是指教师评价可以引导评价对象趋向于理想的目标。合理的评价行为具有明确的评价目的、预设的评价指标体系、严格的评价程序及权威的评价结论。它可以帮助教师诊断教育工作中存在的问题，改善教育工作策略，明确努力方向，起着定标导航的作用。

（二）激励作用

教师评价的激励作用是指教师评价的正确使用，能够激发评价对象的内在动力，调动他们的潜能，增进其工作的积极性和创造性。在教师评价的实践中，评价对象都有渴望了解自己工作结果的心理趋向，并会自发地与周围群体和个人进行比较，这本身就具有激励作用；评价作为管理的手段，往往意味着将评价对象与某种标准作比较，这种比较也具有激励作用；评价结果的合理使用如作为晋升、奖惩及加薪的依据，能给人满足感，激励人不断进取。因此，从一定意义上讲，教师评价的过程就是一种激励的过程。

（三）交流作用

教师评价的交流作用是指教师评价促使评价活动的参与者包括评价者、被评价者以及其他与评价有关的人或群体内部及其相互之间互换信息。通过交流，评价的各方参与者加强了认知与情感的互动，由此促使了人们自我反思，相互学习，取长补短，共同进步。

（四）检查作用

教师评价的检查作用是指通过依照特定的标准进行检查，得出评价对象达标与否、合格与否、资格具备与否、进步与否、贡献大小、水平高低等结论，对评价对象的现状做出基本判断。由于检查是教育管理的基本职能，因此教师评价的检查作用广受重视。实践中教师评价的检查作用能否充分、合理、有效地发挥，往往受到评价双方对评价价值的认识、评价对象参与评价的积极性、评价方法本身是否合理等因素的影响。

（五）监控作用

评价作为组织管理的手段，其评价指标系统与标准往往就是管理的目标，管理者与具体工作承担者的行为与各种调控措施，一般都要以此为依据。因此，在管理过程中，评价担负着监控的职能。当然，教师评价监控作用的有效发挥，是以尊重教育和科研活动的规律为前提的。

综上所述，通过评价，教师能更好地认识自身的不足，调整修正自己的行为，以实现自我的发展；通过评价，高校管理层也可以更好地认识到教师队伍存在的不足，通过政策引导和激励，实现教师队伍整体水平的提高。

第二节 高校教师评价的内容和方法

一、高校教师评价的内容

高校教师评价的内容一般包括教师素质、教师工作过程和教师工作绩效三部分。

（一）教师素质评价

主要是对教师的政治修养、文化修养和专业能力的评价。这方面的内容包括：

1. 思想政治素质评价，主要考察教师是否具有科学的世界观和积极的人生观，坚定的政治信仰和理想信念，坚持四项基本原则，自觉拥护党的方针政策，热爱教育事业，热爱学生，遵纪守法，团结协作，为人师表，等等。

2. 文化素质评价，主要考察教师是否具有广博的科学文化基础知识，并能够不断拓展自然、技术和社会科学知识面。

3. 专业素质评价，主要考察教师是否具有高尚的师德，现代的教育思想，专业知识和教育科学知识，是否具有教育教学能力和教育科研能力，是否具有从事科学研究的能力尤其是创新能力等。

4. 身体素质评价，主要考察教师的身体健康状况能否适应繁重的教育教学工作和完成教育教学任务。

5. 心理素质评价，主要考察教师的心理健康状况是否适应教育教学工作的要求，是否具有高尚的情感、坚强的意志、良好的性格及心理的自我调控能力。

（二）教师工作过程评价

对于教师工作过程的评价，主要集中在对教师教学过程和科研工作过程中所体现的外显行为的评价。通过对教师工作过程的评价，把教师的优点及时反馈给教师，及时给予鼓励；对于教师的缺点及不足，与教师进行有效沟通，帮助教师不断改进工作，提高工作质量，促进教师自身发展。目前主要侧重于对教师教学内容、教学方法和教学手段等方面的评价，对于教师科研工作过程的评价研究不多。

（三）教师工作绩效评价

目前普遍采用设计量化的评价考核指标体系进行工作绩效评价。在教学工作绩效考核指标设计中，运用层次分析方法，首先确定高校教师的教学工作绩效考核一级评估指标，主要包括师德表现、教学工作量和教学质量、教学研究活动及其水平、教学梯队建设与贡献等。通过对每个一级指标的内涵进行分解，得到若干二级指标集合，如教学工作量和教学质量一级指标包括教学任务、教学态度、教学内容、教学方法、教学效果等二级评估指标。再分析每个二级指标的内涵，得到相应的三级指标，如教学方法指标的内涵至少包括以下六个方面：（1）结合实例解释抽象概念、原理，帮助学生理解；（2）运用启发教学，善于引导学生培养科学的思维方法；（3）采用参与教学法，注重师生互动；（4）善于设立问题情境，培养学生的创新意识；（5）因材施教；（6）合理使用现代化教学手段或双语教学。再对每个三级指标分别设立评分等级，如优、良、中、差或五级记分等。

高校教师科研工作绩效考核指标主要包括：完成科研项目、发表学术论文、编写著作教材、获得成果奖励、取得各种专利、组织参与科研和学术活动等内容。因此，运用层次分析方法，一般首先建立级评估指标，包括：科研项目、论文与著作、科研经费、获奖科研成果、专利、学术交流活动、科研工作能力等指标，与建立教学工作绩效指标样，依次建立二级指标和三级指标乃至四级指标。这样，经过逐级分解，最终形成树状的高校教师科研工作绩效考核指标体系。

工作绩效考核常见的做法还有岗位目标业绩考评法。要求教师在每年的开学或聘期之初，根据学校的统一部署和教学科研工作绩效评价考核体系，提交《岗位目标责任书》，学校同时还需要制定一份工作量计算办法。在年度结束或聘期结束时，教师按照《岗位目标责任书》进行工作述职，填写年度或聘期业绩考评表，学校给出考核结论。

二、教师教学评价办法的研究与实践

教师教学评价是一种旨在提高教师教学水平和促进教师高质量完成教育教学工作的有效手段。科学的教师教学评价办法，既能为学校发展、教学管理人员、学生提供有关教师教学质量的可靠信息，也能为教师本人指明不断改进和努力的方向。各高校因办学条件、办学理念、培养目标以及对教师教学评价结果运用的不同，在评价方法、评价指标、评价时间以及评价的侧重点上都有区别。因此，如何制定一套适合本校实际又可为其他高校借鉴的系统、务实的评价办法显得至关重要。笔者根据教学的客观规律和要求，借鉴国内外高校先进的经验，对教师教学质量评价的办法、学生评价的指标、设计原则、客观性、统计方法、评价时机及组织管理的程序进行深入研究，考虑学科之间的区别及影响教师教学质量、学生评价、督导评价等因素，探索制定了一套合理、务实的教师教学质量综合评价方法，实现了对教师教学质量综合化和系统化的评价。同时建立起及时、准确的教学质量信息反馈机制。具体做法如下。

（一）完善评价制度

教学评价活动是一项非常复杂的活动，目前广泛运用的定量评价方法，并不能充分反映一个教师的实际教学状况，许多评价内容不能用数量关系予以清晰的表示。因此，考虑到学生评教的随意性、教师教学过程和教学水平价值判断的模糊性以及每项评价指标的含义不能全面包含所有特征等状况的客观存在，在运用定量评价的同时，应采用一些定性的评价方法，以此完善对教师教学过程和教师发展的评价。首先，教师作为评价对象，并不应成为被动的客体，而应是评价活动的积极参与者，教师自我评价的过程即是教师自我完善、主动发展的过程，这样不但有利于突出教师的主体地位，还有利于教师主动接受评价结果。其次，各学院（系）作为教师的管理单位，对教师参与教学工作的精力投入、教学态度、教学内容等具有绝对的发言权，能够对教师教学活动做出客观正确的判断。因此，教师的教学评价结果中必须包括教师本人和学院（系）的评价，即教师的教学评价结果中学生、督导、教师本人和学院（系）应各占一定的权重，由学生和督导对教师的教学效果进行定量评价，教师本人和学院（系）对教师的教学工作状况进行定性评价，使定量评价与定性评价结合起来，以确保评价结论的有效性和真实性。

（二）科学地确定学生评价指标

教师教学评价的指标应具有全面性、定量性和可操作性的特点，其内容本身对教师今后的发展具有导向作用。因此，科学规范的教师教学评价指标是实施教学评价的前提，会直接影响学生评价结果的公正性和客观性。目前，大多数高校都利用教务管理系统软件中的网评功能模块，列出能够反映教师教学情况的10项指标，组织并要求学生对所学课程的教师教学效果进行网上评价。经调研，学生作为评教过程中的主体，对于这种评价指标过细，内容过于繁琐的被动式机械评价并不积极主动。因此，评价指标的设置应根据不同学科以及不同类型课程的特点，将课程划分为普通课、外语课、体育课、艺术课、实验课、设计（论文）课（包括毕业设计和课程设计或毕业论文和学年论文）等类别，变10项评价指标为学校、学院（系）、教师本人和学生最为关心的4项指标（即教学态度、教学内容、教学方法和教学效果）以及1项"总体评价"指标进行评价。对于评价指标中的每一项，分别列出非常满意、满意、基本满意、基本不满意和不满意等5个选项。在统计评教结果时，对学生的原始打分进行科学的统计与处理，统一剔除各占5%的最高分和最低分。同时，请学生自由地参与开放性的教学评价，改变过去所有评价学生必须参与的做法，可建议"总体评价"学生必须给分，其余4项指标学生自由选择评价，通过减少评价过程中的内容与程序，使学生用更认真的态度对教师的教学效果进行真实客观的评价。

此外，对于一些课程是否适合使用多媒体教学或者教师多媒体课件的制作质量是否适合本课程，学生作为接受教育的直接对象，具有绝对的发言权，因此，可在教学评价中增设多媒体教学效果评价项，充分发挥学生在教学质量监控与评价中的重要作用。

（三）选择合适的评价时机

除科学地设置学生网上评教指标体系外，为了尽可能地保证评教结果的客观性和公正性，经调研发现，将学生对教师授课情况的总体评价时间统一安排在课程结束后、学生了解考试成绩之前进行是比较合理的，即学生必须先评价后再查询自己的成绩。而对于其余开放性的评价指标，学生则可以在课程过程中以及课程结束后的任何时刻进行，教师可以随时在网上查询到学生给其所教各门课程的评价结果，包括评价总分数、单项分数、评价人数以及学生的留言等。这样，不但可以提高学生的参评率和评价准确性，同时也使教师及时了解学生的意见和建议，变"顾客式评判"为师生互动的、融于日常教学的沟通与协调，使学生的期望转化为教师成长的动力，促进教师及时调整和改进自己的教学工作，从而不断提高教学效果。此外，还可以通过下发《告同学书》、网上评教信息提示等方式，提醒学生对教师教学工作进行客观、公正的评价。

（四）建立教学"优质优酬"奖诫机制

教师的天职是教学，是培养学生。当前，很多高校因大学排名等因素，都把教师的科研项目、发表的论文数作为职称评聘、衡量教师水平的量化指标，然而对于那些在教学岗位上辛勤工作、成绩突出的教师却关注较少。因此，建立教学"优质优酬"奖诫机制，增强教师重视教学工作的氛围显得至关重要。学校可根据本校的实际情况，将教师教学评价的结果与其薪资挂钩，对于连续获得优秀的教师给予一定的工作量奖励。同时，在精品课程、教学团队、教学名师奖等"质量工程"项目评审和职称评聘中参考教师教学评价结果，以此提高教师重视教学工作的程度，改革教学方法和手段。同时激发教师参与教学相关活动的积极性和主动性，不断提高教学效果和人才培养质量。

（五）拓宽实时反馈教学信息的渠道

为促进教师及时调整和改进自己的教学工作，使学校、教师及时了解学生的需求，可通过拓宽教学信息沟通渠道来实时反馈教学信息。例如，建立教学信息员制度，设立网上教学意见箱，开通教学服务短信平台等教学信息沟通渠道，实时反馈"教"与"学"过程中出现的各种问题以及有关教学管理、教学质量、教学秩序及教学效果等方面的意见和建议，在教师、学生以及教学管理部门之间搭建起便捷的交流沟通平台，改变过去的"结果评价"为"过程改进"，以此督促教师不断完善自身的教学工作，从而不断提高教学质量。

教师教学评价并不是目的，而是促进教师改进教学、提高教学能力、教学水平和教学质量的重要措施。因此，完善教师的教学评价办法，重视评价的总结性功能，是确保教师教学评价发挥诊断、改进和提高作用的前提，也是促使教师不断提高教学水平和教学质量的重要措施。

第三节 奖惩性教师评价和发展性教师评价

一、奖惩性教师评价

奖惩性教师评价，集中于教师教学效果的评价或行政奖惩式的评价，评价主要被视为奖惩的手段和环节。这类评价，在形式上具有严肃性、规范性和可操作性，在方法论上是静止的、横断面的，它关注的主要是教师教学的优劣和教学的效益。因此，这类教师评价，在对教师的规范化奖惩和检测教师教学的效果方面具有其积极的作用，充分体现了这类评价所具有的奖惩职能。

但同时奖惩型的教师评价往往只关注教师的教学效果，而评价教师教学效果的手段又简单化、单一化为学生的成绩。学生的成绩成为教师成绩的主要的甚至是唯一的表现，于是教师无奈采取各种各样的方法来提高学生的成绩，不管这种方法是否科学，是否有利于学生的发展，从另一个方面加剧了片面追求升学率的教学思想。

尽管有着这样那样的缺点，奖惩型评价仍是衡量教师专业水平的一个非常重要的手段，也是教师职位升迁的重要途径。如果没有对教师专业水平的有效评定，一方面，教师的职位升迁失去了依据；另一方面，如果缺乏这种升迁的外在压力，教师的专业发展也有可能缺乏动力，因此那种将奖惩型教师评价与发展性教师评价对立起来的观点是不符合实际的。

二、发展性教师评价

发展性的教师评价制度认为，人的能力是处于发展之中的，受过较高程度教育的教师有根据新情境调整自己行为的能力。当教师获得足够的信息与有用的建议后，他们可能达到预期的水平。

发展性教师评价制度以促进教师专业发展为目的，因此非常关注评价对象对评价结论的认同。要求评价对象最大限度地接受评价结论，并通过积极的反思，把评价结论视为未来专业发展的"新起点"。

但发展性评价本身也有不足之处，由于其温和性、目的性差和标准的模糊性，因而在实际操作中也同样陷入了绝境，虽为大多数人支持，但因其在实践中难以带来预期效果，故而一直不能独立门户，取而代之。

三、奖惩性与发展性教师评价的关系

（一）两种评价体系具有不同的评价理念和特征

奖惩性教师评价一般是指一种规定性的、有一定范式的教师评价制度，重点在于发挥评价的甄别、监督功能，通过奖惩的方式为管理者对教师做出聘任、晋级、增薪等决策提供依据。而发展性评价是为教师的专业发展提供有效指导，以促进教师专业发展为最终目的的评价。

从以上的表述中可以看出，两种评价体系本质相同，开展教育评价就是要进行价值判断，但目的各异，显然存在着为奖惩和为改进发展的不同目的。正是因其评价目的的差异，表现出了不同的特征。

1. 评价指向不同

奖惩性教师评价面向过去，发展性教师评价面向未来。传统的教师评价考查教师的工作表现，以此来区分优劣，给出评价结论，显然是面向过去，对以往的状况做出价值判断。而发展性教师评价强化教师评价的改进、激励功能。了解教师现实水平和工作表现的目的是为其指明发展方向，发现和改进现存的问题，一切都是为了教师未来的发展，可见其评价指向是面向未来。

2. 评价关系不同

奖惩性的教师评价中评价者与被评价者是一种主动与被动的关系，即使对于评价者由于评价标准与评价方法既定，进行评价不过是根据所得信息考察达成度，同样较为被动。并且评价的对象表面上是教师，但实际考查的是工作表现，整个评价是围绕工作进行的。而发展性的教师评价，评价者与被评价者间是一种合作伙伴式的平等关系，双方协商开展评价活动，被评教师可以对评价结论解释、质疑，整个过程是对被评教师的培养教育过程，采取以人为本的评价价值取向，开展评价目中有人，对工作的评价只是检定和分析教师发展状况的手段和材料，评价围绕着如何促动教师发展进行。

3. 评价标准不同

奖惩性的教师评价标准是统一的、预设的。这一标准的制定总是采取自上而下的办法，更多地采用他人和外部评价，其实这也是与评价目的相对应的，由于传统评价更注重鉴别优劣，统一的预设标准便于比较，无论由谁来评价，也不论评价对象是谁，采用的都是一个标准，认为只有这样才称得上客观评价。发展性的教师评价标准是个性化的、动态的，其标准的确定采用自下而上的方法较为适宜，因为如此建立的标准有针对性，符合评价对象的实际。也能够使被评价者更好地认识评价标准的作用，通过对整个评价过程的把握，结合评价对象的具体情况来确定评价标准。此标准的多少一般会与评价次数相对应，可以在具体的评价过程中不断地确定，显然是非统一的，但具有连续性，其集合是影响评价对象发展的关键性因素的系统，反映评价对象发展的历程，并在实施评价中不断修正评价标准。发展性评价的标准制定过程是通过协商完成的，难免有一定程度的主观随意性，在具体的实施中会发现很多问题，因此会边评价边修正，在实施中不断完善。

4. 评价方法不同

奖惩性教师评价强调量化方法，追求客观化、准确性，多采用外部评价，注重结果；发展性教师评价强调质性评价，提倡解释性、改进，提倡自我评价和形成性评价。由于奖惩性评价是预先设定的标准，其主要功能是要鉴别评价对象的水平，要让评价对象比高低，不关心教师工作的具体过程，主要关心工作结果，自然主张评价标准刚性化，就像我们量东西要有一把统一的尺子一样，并注重以数量化关系来表达标准，认为这样才能够进行客观评价，也利于比较。而发展性教师评价为了产生教育性，则需要评价标准有较强的针对性，能通过评价使评价对象获得对自己的正确认识，与评价者达成共识，改正问题，把握发展方向。因为不只关心结果，更关心过程，这样质性评价更具价值。

5. 评价过程不同

由于奖惩性评价主要是为区分优劣，所以收集信息、给结论成了主旋律，相对时间短，一堂课、一次教育活动就可以解决问题。被评教师自然是处于受动状态。而发展性教师评价要将教师的教育教学活动过程纳入评价全过程，评价是与教师教育教学活动同步进行的，评价本身也是教育教学活动的一个组成部分。这样一个对教师的培养过程，不可能一蹴而就，所以是呈周期性推进的。基本的评价程序为：评价双方共同协商评价目标、确定评价计划、收集评价信息、实施评价、指导反馈。这样经过多次循环，形成螺旋上升状态，完成一个培养过程。评价活动呈周期性推进，不仅使教师能深刻了解教育教学过程，也使其了解评价过程，从而学会自我评价，不断改进提高。

（二）两种评价体系均有促进教师发展的功能

奖惩性教师评价与发展性教师评价有着不同的理论假设。

奖惩性教师评价认为：(1) 学校的教育质量靠摒弃不称职的教师而保证；(2) 学校没有培养教师的义务；(3) 教师是靠外部压力而被迫改进和提高的。

发展性教师评价认为：(1) 教师靠自我激励而发展；(2) 学校、教师机构应帮助教师，为其提供发展的机会；(3) 通过培养、指导教师是可以发展提高的。

从中可见，奖惩性教师评价是通过管理的手段，以相对评价为主要的价值判断方法，利用评价结果产生的对教师声望的影响，营造一种外部压力，迫使教师改进和提高。具体而言，奖惩性教师评价认为只有通过外部的奖励才可以调动教师的积极性，而对于那些不称职的教师只有通过惩罚才能够使其改进。而发展性教师评价是要通过评价给教师一个改进和提高的机会，在评价的过程中帮助教师发展。教师作为受过高层次教育且以教育人为职业的群体，内部动机比外部动机更具有激励性，教师的进步和发展应以自我激励为主。

在此暂且不论两种评价体系理论假设的过失，可以认定的是两种评价体系均具有促进教师发展的功能，各有其存在的价值和合理性。奖惩性评价着重教师的德、能、勤、绩，着重教师的工作态度、工作表现和工作质量，这对提高教师的职业素养和教育教学能力有一定的作用，对保证学校教师的整体素质、保证教育教学质量达到和保持一定的标准，并实现教师利益分配的合理性均是一种必要的手段。所以奖惩性教师评价制度现在乃至未来均不可能废弃。而发展性教师评价认为，开展教师评价的真正目的不应只是为了鉴别教师间的差异，教师间的差异存在是永恒的真理，开展教师评价最值得关注和研究的是如何通过评价促进教师的成长和发展，通过教师评价将弱小的力量扶植起来，将潜在的力量挖掘出来。

（三）不同的评价目的选择不同的评价操作体系

具体到两种评价体系的关系还需要以辩证的观点来分析和处理。

如若将发展性教师评价视为一种思想，以此开展教师评价将支持前述观点——两种评价体系是互相融合共生的关系，将两种评价进行整合，利用奖惩机制中积极的激励性因素来拉动教师的发展。正如素质教育思想的贯彻一样，无论采用什么样的教育模式，只要符合素质教育思想就可以被认同。开展教师评价只要能促进教师发展，什么样的评价体系都可以被接纳，奖惩性教师评价和发展性教师评价均有促进教师发展的功能，当然可以相互融合共生。

但在进行教师评价的具体操作上，还需要将两种评价体系割裂开来，也就是采取奖惩性评价与发展性评价共存但相互独立，互不干涉的方式。即根据不同的评价目的选择不同的评价操作体系。对教师入职、教育教学活动完成质量考察、年度专业考核、专业标准达标情况认定、选先评优、晋职晋级等则宜选择奖惩性的教师评价体系，以泰勒目标行为模式开展教师评价，主要是评价教师的目标达成度。这里的标准是统一、预定的，此标准越是信效度高，评价结论的客观性越强，同时被评教师间的可比性越强，当然也就会为实施奖惩提供强有力的证据。而以教师培养、改进为目的评价则采取发展性的教师评价体系，以"协商和回应"为基本特征，被评教师与评价者共同商定评价方案，确定评价的目标，收集信息，进行价值判断，为改进问题和未来发展提出建议和措施。这种评价体系更强调形成性评价和自我评价的作用，评价标准是一个动态化的确定和完善过程，具有个性特征，以个体内差异评价为主要的价值判断方法，不以给出评价结论作为评价的完结，评价结果不具备与他人的可比性。

之所以提出要将发展性教师评价在操作中与奖惩性评价割裂开来，一方面是为了确保发展性评价操作过程的顺畅，同时也是由评价的伦理道德而决定的。开展发展性教师评价要充分地暴露问题，如果将发展性评价过程的信息资料作为奖惩的依据，被评教师会产生抵触、焦虑、防御等不良心理，同时也有违道德。

综上，奖惩性教师评价体系和发展性教师评价体系各具特征和功能，由于目前我国教师评价主要是奖惩性评价，我们倡导开展发展性评价。值得注意的是，奖惩性评价不会消亡，应根据不同的评价目的选择不同的评价体系。

第四节 构建科学的多元化的教师评价体系

一、构建高等院校多元化教师评价体系的现实意义

教育对一个国家的繁荣与富强起着重要作用。进入 21 世纪，世界各国都将教育处于优先发展的战略地位，高等教育承担人才培养、科学研究、服务社会和文化传承与创新的重任，其地位又尤其突出。高等院校是培养各类高级专门人才的沃土，一个国家和民族的兴旺发达离不开高质量的人才。高等教育实践证明，人才培养质量的保障与提升是由教师素质的高低决定的，一支品德优良、业务精湛的师资队伍是高等教育发展的基石。所以构建科学合理、具有建设意义的高等院校多元化教师评价体系更为重要，它不仅是个人发展的前提，也是高等教育改革的关键一环。

立足于我国高等教育现状，成功构建高等院校多元化教师评价体系，对提高教师整体素质起到促进作用：一是增加信心，提高职业满足感和荣誉感。二是激发教学积极性，有利于改进和创新，促进教师自身的发展。三是得到互相咨询、交流的机会，增长才干，促进共同提高。对学校而言，则可以通过教师评价体系，更好地提升各项工作质量：一是通过支持教师工作，促进学生的学习，提高教育教学质量。二是全面掌握学校整体工作，起到以点带面的作用。三是合理制订和贯彻在职培训计划，满足教师的职业发展需求。

二、高校教师多元化评价体系的设计原则

评价体系的设计原则是评价的理论依据、指导思想的具体体现，也是对评价工作的基本要求。它不仅是统一人们的思想和行动的规范，而且是指导、控制、协调评价过程的保证。教师评价属于教育评价的范畴之内，因此，教育评价所应遵循的原则也就是教师评价所应遵循的原则。在评价过程中，正确贯彻各项原则，是提高评价的信度和效度，加强评价的规范化、科学化、有序化，增强评价的客观性、准确性的基本保证。一般来讲，多元化高校教师评价体系的设计原则包括以下几个方面：

（一）软硬结合，评价因子多元化

教师所从事的是以脑力劳动为主，体力与脑力相结合的复杂劳动，具有创造性、周期长、教育效果滞后的特点。这种复杂性外化为劳动的对象、过程和成果的复杂性。在长期的教学实践中，教师形成了一定的从事高等教育活动应该具有的品德、知识、能力、情感、身体和心理等方面的特质和潜在的发展能力，随着社会的发展、进步对人才培养的质量要求而不断发展变化。这些考察因素，在进行评价时均应给予充分考虑，使评价体系的设计更符合客观实际。既注重对学历、专业知识等"硬指标"的考察，同时加强对价值观、教育思想、师德水平、自学能力、创新意识等"软指标"的评价，将各评价要素分清主次、轻重，配以不同的权重，使评价因子多元化。如果说知识素养是教师从事教育教学的基础，那么能力素质则是教师培养学生健康发展的关键。

（二）多维互动，评价取向多元化

在发展性评价中，尊重评价个体的多样化价值取向，需要有一个多维立体的评价取向体系，将目标、过程、主体融为一体，尊重教师的个性发展和差异存在，强调过程取向和主体取向的评价。

1. 过程取向的评价

这种评价不受预定目标的限制，强调评价者与具体评价情境的交互作用，主张凡是具有教育价值的结果，不论是否与预定目标相符合，都应当受到评价的支持与肯定。

2. 主体取向的评价。这种评价体现了教学中师生互动的主体性，评价的主体不再是以教师为主的单一角色，学生也是评价的主体。主体性的评价不是靠外部力量的督促和控制，而是每一个主体对自己行为的反省意识和能力。

（三）彰显个性，评价主体多元化

评价主体多元化是指主持评价活动的主角可以由多人组成。通过建立多边的个性化评价体系来充分调动评价对象参与评价的积极性，促进教师的个性发展和潜能挖掘。从实践的效果及发展的趋势来看，强调自我评价，强调被评价者的主体性，使其处于主动的地位，产生积极参与的意识，这既是评价产生更加积极的效果，也是主体性原则的具体体现。

在对教师的评价中，教师既是评价的客体，又是评价的主体。因此，要尊重教师在评价中的主体地位，充分调动每个教师的主动性、积极性、自觉性。这样才能使评价的过程真正成为教师的自我认识，自我分析，自我改进，自我完善和自我教育的过程，使教师的评价工作达到预期的目的。

（四）以人为本，评价方式多元化

科学发展观强调"以人为本"，强调教师的综合素质发展，这是一个综合性很大的目标概念，是一个多元的结构体系。由于教师的情感态度与价值观、方法能力及行为习惯等具有个体性、程度差异性以及内隐于心的特点，用一种评价方式很难简单地反映出评价对象的差异性。因此，有必要采取定性与定量、鉴定与发展相结合的评价办法。

有些评价要素的标准可以量化，就可采用定量分析，以便相对准确地反映客观实际，防止主观性。但是在评价教育活动的质量和效益时，采用定量的方法就很困难了，特别是关系到人的思想、情感、意志等都具有模糊性。若这时强求用精确的数字去表示本身是模糊性质的事物，这不仅不客观，而且也是不科学的，这是由教师工作的复杂性所决定的。

总之，教师参与教育教学工作的积极性是影响学校教育教学工作成效、工作质量的极为重要的能动性因素。教师评估的根本目的就在于促进教师综合素质的提高，激发调动教师参与教育教学工作的积极性，提高自身育人水平。评估结果是评估体系中各个要素相互作用的最终结果，这个结果是否具有激励性，是衡量评估体系设计思想是否正确的关键。构建多元化高校教师教学评价，可以全面、充分了解教师的现实表现，使教师了解自己在群体中的优秀程度，充分了解学校对自己的期望，明确个人的发展方向，从而促进教育教学质量的提高，促进学校的可持续发展。

参考文献

[1] 陈雨海，张庚灵 . 高校教学质量管理的现状及对策 [J]. 中国大学教学，2007（12）：61-62.

[2] 徐金武，邓宝辉 . 高校教学质量管理与监控体系信息化建设的路径探索 [J]. 福建茶叶，2020，42（2）：224

[3] 汤婷 . 创新思想政治理论课教学质量管理机制初探 [J]. 山东广播电视大学学报，2019（3）：37-38.

[4] 腾飞，毛海军，李文艺，等 . 基于全面质量管理思想的民族高校学情调查设计与现状分析 [J]. 兴义民族师范学院学报，2020（2）：5-10.

[5] 刘秀波 . 当前高校实践教学管理中存在的问题及对策 [J]. 才智，2015（13）：38.

[6] 唐俐，张彤 . 教学学术视角下二级教学单位教学管理改革策略研究 [J]. 当代教研论丛，2016（9）：30.

[7] 张婷婷 . 高校教务管理系统信息化建设现状及对策分析 [J]. 佳木斯职业学院学报，2019（1）：108-109.

[8] 刘程 . 浅谈新媒体在学生党员教育管理中的运用 [J]. 山西青年，2020（4）：234.

[9] 杜坤 . 大数据对高校教学资源管理的影响和对策 [J]. 软件，2019，40（12）：33-36.

[10] 梁伟雄 . 高校教育管理信息化现状与优化策略分析 [J]. 高教学刊，2020（14）：1-5.

[11] 彭宾 . 高校教育管理中"以人为本"理念的导入策略研究 [J]. 商情，2019（23）：155，207.

[12] 刘晶，万志强 . 浅析高校教学运行管理工作现状与对策 [J]. 教育现代化，2019，6（93）：169-170.

[13] 肖必华 . 高校教学管理信息化建设的创新思考及实践探索 [J]. 课程教育研究，2019（10）：13.

[14] 王颖，边晓霞．高校教学质量管理与优化研究 [J]. 教育与职业，2015
（30）：30-32.

[15] 马琳．关于完善高校教学质量管理机制的思考 [J]. 教育现代化，2020，7
（2）：125-126.

[16] 邓嵘．高校教师素质培养：基于高等教育认证标准 [J]. 赤峰学院学报（自
然科学版），2017，33（7）：224-225.

[17] 胡愈琪．试论高等教育心理学对高校教师素质的影响 [J]. 文化创新比较研
究，2021，5（17）：170-173.

[18] 刘水清．生命教育视野下高校教师素养提升路径研究 [J]. 现代职业教育，
2020（4）：204-205.

[19] 方娟．"互联网+"时代高校教师信息素养的现状及提升策略 [J]. 职业，
2017（32）：59.

[20] 孙硕，郭杰彬，董玉．新时代高校教师职业思想道德素养建设 [J]. 才智，
2020（1）：109.

[21] 赵彩霞．互联网+环境下高校教师面临的挑战与专业素养发展分析 [J]. 当
代继续教育，2016，34（4）：92-96.

[22] 王慧．教育信息化视域下高校教师信息素养培养与提高研究 [J]. 吉林工程
技术师范学院学报，2017，33（12）：91-93.

[23] 郝翔，陈翠荣．大众化进程中我国高校教师队伍发展与政策效果分析 [J].
中国高教研究，2012（5）：63-67.

[24] 张峰源，刘德芬．加强高校专业课外聘教师队伍建设的相关问题分析 [J].
黑龙江教育学院学报，2019，38（8）：22-24.

[25] 廉赢．柔性管理视域下的高校师资管理模式创新路径与策略 [J]. 当代教育
实践与教学研究，2017（4）：65.

[26] 张婷婷．高校师资管理改革研究 [J]. 今日财富（中国知识产权），2018
（3）：197.

[27] 曹俐．柔性管理视域下高校师资管理模式的创新路径 [J]. 企业改革与管理，
2017（18）：73.

[28] 祒海霞，路丽肖，申红妙．基于信息管理平台建设的高校教师培训服务创
新研究 [J]. 河北经贸大学学报：综合版，2020，20（1）：85-89.

[29] 熊会．基于"双一流"建设的高校教师管理激励机制研究 [J]. 企业改革与
管理，2020（3）：78-80.

[30] 刘嘉，刘冬贵．大数据背景下高校教师队伍的精细化管理 [J]. 继续教育研
究，2018（10）：83-88.